El Occidente globalizado

Gilles Lipovetsky
Hervé Juvin

El Occidente globalizado

Un debate sobre la cultura planetaria

Traducción de Antonio-Prometeo Moya

EDITORIAL ANAGRAMA
BARCELONA

Título de la edición original:
L'Occident mondialisé
© Éditions Grasset & Fasquelle
París, 2010

Ouvrage publié avec le concours du Ministère français
chargé de la Culture-Centre national du Livre
Publicado con la ayuda del Ministerio francés
de Cultura-Centro Nacional del Libro

Diseño de la colección: Julio Vivas y Estudio A
Ilustración: Corbis / Cordon Press

Primera edición: octubre 2011

© De la traducción, Antonio-Prometeo Moya, 2011
© EDITORIAL ANAGRAMA, S. A., 2011
Pedró de la Creu, 58
08034 Barcelona

ISBN: 978-84-339-6334-5
Depósito Legal: B. 23393-2011

Printed in Spain

Reinbook Imprès, sl, Múrcia, 36
08830 Sant Boi de Llobregat

INTRODUCCIÓN

Un debate llega a su madurez cuando las posiciones más extremas dejan de oponerse frontalmente para tratar de identificar lo que hay de convincente en la argumentación contraria. Es posible que estemos viviendo (¡por fin!) ese momento crucial en lo que se refiere a la polémica sin duda más importante de los últimos veinte años: la «disputa sobre la globalización».

Su origen coincide con la caída del muro de Berlín y el cambio de la concepción del mundo a que dio lugar. La representación geopolítica estructurada en dos polaridades –Este/Oeste y Norte/Sur– fue sustituida por otra más compleja pero también, posiblemente, más homogénea: el Este se había inclinado de pronto hacia el Oeste, y el Sur empezaba a despuntar en el Norte.

El debate geopolítico quedó profundamente modificado. Hay que recordar la rapidez y la intensidad con que el tema de la «globalización» se difundió entonces en el espacio público. Ahora bien, en conjunto, la percepción de este cambio de paradigma se encuadraba entre dos grandes tesis en competencia, nacidas casi al mismo tiempo en los pasillos de la politología estadounidense: la tesis del «fin de la historia» (Francis Fukuyama, 1989) y la del «choque de civilizaciones» (Samuel Huntington, 1993).

La tensión de la polémica fue tal que las dos opciones, pese a estar defendidas por espíritus sutiles, matizados e informados, se convirtieron rápidamente en caricaturas, es decir, en consignas. Poco importa aquí la fidelidad a las tesis de autores que ganan siempre cuando se leen y releen: las fórmulas los superan y suministran señales prácticas que delimitan lo que acaba convirtiéndose en campo de batalla de la polémica.

Por el lado del *fin de la historia* tenemos la constatación del triunfo innegable de Occidente, es decir, del capitalismo y de la democracia de los derechos humanos, que se consideran el horizonte insuperable de nuestro tiempo. A partir de ahí, la historia debe leerse como la convergencia más o menos rápida, más o menos accidentada, hacia el polo irresistible de la globalización al estilo occidental. Más unidad, más paz, más prosperidad: todas las fuerzas antagónicas, todos los residuos de conflicto están como condenados de antemano por la marcha implacable de ese progreso.

Por el lado del *choque de civilizaciones* se anuncian por el contrario nuevos conflictos bajo la aparente homogeneidad de un mundo presuntamente pacificado. Por detrás de la unanimidad de fachada, vemos el formidable renacimiento de las entidades históricas, las únicas verdaderas, que la guerra fría había adormecido temporalmente: las civilizaciones. Occidente contra el islam, Asia contra Europa: las viejas actrices vuelven y, con ellas, la profecía lanzada por Oswald Spengler en 1917, la *decadencia de Occidente*. Después del paréntesis comunista todo parece darle finalmente la razón, aunque nos guardemos de invocar su recuerdo: las civilizaciones son unidades biológicas, cerradas en sí mismas, con un nacimiento, un desarrollo y una muerte. La única relación posible entre ellas es una lucha sin cuartel ni diálogo.

Convergencia contra *choque;* postura triunfalista contra obsesión por la decadencia: las posiciones estaban bien definidas e incluso tuvieron algunos efectos geopolíticos notables. ¿Dónde estamos veinte años después? Es verdad que tuvimos el 11 de septiembre de 2001 y la crisis de septiembre de 2009 para recordar que la historia no había terminado en absoluto; pero, por eso mismo, nada indica que la globalización se haya agotado. A pesar de las crisis y las críticas, el modo de vida occidental, hecho de libertad, seguridad y consumo, sigue siendo codiciado y, cuando es posible, copiado, tanto en los mejores aspectos como en los peores. Es verdad que hay estrategias diferenciadas de modernización que se consolidan y tratan de encontrar un equilibrio entre necesidades, por una parte, y tradiciones e identidades por otra. Pero ello provoca una ruptura brutal, salvaje y destructora; o bien una resistencia tenaz. ¿Qué desaparece? ¿Qué (re)aparece? ¿Qué se reestructura? Después de veinte años de debates y sobresaltos, se echa en falta una especie de balance de la «globalización». Esto explica el deseo del Collège de Philosophie de organizar, en colaboración con el Eurogroup Institute, una serie de sesiones de trabajo (desarrolladas entre noviembre de 2008 y abril de 2009) sobre el problema de las relaciones entre «cultura y globalización».

Para ello era de rigor seleccionar a los invitados: Hervé Juvin y Gilles Lipovetsky acababan de publicar sendas obras de importancia que contribuían a renovar el debate sobre la globalización: Hervé Juvin, *Produire le monde;*[1] Gilles Lipo-

---

1. Gallimard, París, 2008.

vetsky, *La culture-monde. Réponse à une société désorientée*.[1] Al leerlas, se diría que las diferencias entre dos grandes interpretaciones enfrentadas ya no eran, sin desaparecer, tan frontales; dejaban un espacio para el intercambio de ideas e incluso podían hacer fecunda la confrontación para la comprensión del presente. Es esto lo que ha motivado el libro que tiene el lector entre las manos. Es evidente que no estamos al final de la historia de esta polémica, pero tampoco se trata ya de un choque... Y el presente libro se encarga de demostrarlo.

PIERRE-HENRI TAVOILLOT
http://collegedephilosophie.blogspot.com

---

1. Escrita en colaboración con Jean Serroy, Odile Jacob, París, 2008. [*La cultura-mundo. Respuesta a una sociedad desorientada*, Anagrama, Barcelona, 2010.]

El reino de la hipercultura: cosmopolitismo
y civilización occidental,
por Gilles Lipovetsky

La época en que vivimos está caracterizada por una poderosa e irresistible tendencia a la unificación del mundo. En Francia se denomina mundialización y en otras partes globalización. Esta formidable dinámica coincide con la conjunción de fenómenos económicos (liberalización de mercados en un capitalismo planetario), innovaciones tecnológicas (nuevas tecnologías de la información y la comunicación) y cambios radicales de la situación geopolítica (hundimiento del imperio soviético). Aunque esta unificación del mundo no es un fenómeno en absoluto reciente (estamos en una «segunda globalización») ni una realidad completa, no es menos cierto que representa un cambio general y profundo tanto en la organización como en la percepción de nuestro mundo.

Sin embargo, es una reducción excesiva atribuir únicamente a las realidades geopolíticas y tecnocomerciales la globalización actual o hipermoderna, que coincide también con un régimen inédito de cultura, con un lugar y un valor nuevos de la cultura en la sociedad. La globalización también es una cultura. Estamos así en un momento en que se consolida y en que crece desmesuradamente una cultura de «tercer tipo», una especie de hipercultura transnacional que Jean Serroy y yo hemos propuesto denominar *cultura-mundo*.[1]

¿Qué significa cultura-mundo? Esta designación nos remite, en el nivel más inmediato, a la revolución de las tecnologías de la información y la comunicación, a la organización de vastas redes mediáticas transnacionales, a la ampliación de industrias culturales que canalizan una creciente cantidad de bienes idénticos hacia un mercado globalizado. Lo cual no sucede sin una expansión considerable del sector cultural, transformado en universo económico por derecho propio que funciona con objetivos y políticas de rentabilidad, marketing y comercialización semejantes a los vigentes en los demás sectores de la economía de mercado. Ya no estamos en el orden noble de la cultura que se define como vida del espíritu, sino en el «capitalismo cultural» en que las industrias de la cultura y la comunicación se imponen en tanto que instrumentos de crecimiento y motores de la economía.

Cultura-mundo quiere decir asimismo un mundo en el que las operaciones culturales desempeñan un papel cada vez más decisivo en el orbe comercial propiamente dicho, a través del diseño, la estética, los creadores de todo género: la economía cultural es la economía de las «industrias creativas». La cultura no es ya sólo una superestructura sublime de signos, sino que remodela el universo material de la producción y el comercio. En este contexto, las marcas, los objetos, la moda, el turismo, el hábitat, la publicidad, todo tiende a adquirir una coloración cultural, estética y semiótica. Cuando lo económico se vuelve cultura y cuando lo

---

1. Gilles Lipovetsky y Jean Serroy, *La cultura-mundo, op. cit.* [v. p. 85 y 102].

lo cultural cala en la mercancía, llega el momento de la cultura-mundo. Por lo cual ésta trasciende no sólo los particularismos de las culturas locales, sino también las antiguas dicotomías que diferenciaban producción y representación, creación e industria, alta cultura y cultura comercial, imaginario y economía, vanguardia y mercado, arte y moda.

Lógicamente, desde el origen de los tiempos hay, en las sociedades con tradición, una «incrustación» de lo económico en el conjunto cultural, un engranaje de influencias recíprocas entre base material, organización social y sistema de valores. Pero con la cultura-mundo esta combinación se efectúa de manera estratégica, operativa, homogénea. El mundo productivo «real» se proclama cultural, al mismo tiempo que la cultura reivindica ambiciones económicas.

En este sentido, la cultura-mundo o planetaria pone fin a las «contradicciones culturales del capitalismo» que postulaba Daniel Bell. Mientras la cultura se impone, en efecto, como un universo económico de pleno derecho y con todas las de la ley, el hedonismo de masas funciona como una condición fundamental del desarrollo. No es que ya no haya contradicciones estructurales, pero parece que éstas explican menos las crisis del capitalismo que las lógicas de exceso que mueven las diferentes esferas de la vida colectiva. Burbujas financieras y especulativas, beneficios y remuneraciones que hacen época, despilfarro de materias primas, excesos del crédito de riesgo, sobreabundancia de liquidez mundial, elevación de las deudas públicas, mastodontes de la economía, diferencias salariales desmesuradas, pero también consumo bulímico, urbanismo tentacular, sobredosis publicitaria y comunicativa, plétora de cadenas audiovisuales y de sitios web: el extremo, la fuga hacia delante, la hipertrofia se presentan de modo creciente como principios organizadores-desorganizadores de nuestro mundo, de nuestra hipercultura.

Las culturas populares y tradicionales se afirmaban como particulares y locales, fragmentadas y al mismo tiempo inmutables. La «cultura culta» se bañaba en la excepcionalidad de los signos aristocráticos o burgueses, oponiéndose con arrogancia a la cultura popular. La cultura-mundo, en cambio, se despliega en el reino de la universalidad cosmopolita, del cambio perpetuo, de lo pletórico: informaciones, películas, programas audiovisuales, publicidad, música, festivales, viajes, museos, imágenes, exposiciones, obras de arte, Internet, ahora todo sobreabunda, todo está en superoferta en la cultura hipertrófica del cada vez más aprisa, cada vez más novedades, más informaciones y más comunicación.

Hasta entonces la cultura era lo que ordenaba la vida con claridad, lo que daba sentido a la existencia encuadrándola en un conjunto de divinidades, de reglas y valores, de sistemas simbólicos. La cultura-mundo funciona al revés de esta lógica inmemorial, pues no cesa de desorganizar nuestro estar-en-el-mundo, las conciencias y las existencias. Estamos en un momento en que todos los ingredientes de la vida están en crisis, desestabilizados, faltos de coordenadas estructuradoras. Iglesia, familia, ideologías, política, relaciones entre los sexos, consumo, arte, educación: ya no hay ni un solo dominio que escape al proceso de desterritorialización y desorientación. La cultura-mundo o planetaria hace estallar todos los sistemas de referencias, borra las fronteras entre «ellos» y «nosotros», la guerra y la paz, lo próximo y lo lejano, vacía los grandes proyectos colectivos de su capacidad de atracción, trastoca sin tregua las formas de vida y las modalidades de trabajo, bombardea a los individuos con informaciones tan pletóricas como caóticas. De ahí se sigue un estado de incertidumbre, de desorientación sin precedentes, generalizado, casi total. Las culturas tradicionales creaban un mundo «lleno» y ordenado que traía aparejada una fuerte identificación con el orden colectivo y, por ello mismo, una seguridad identitaria que permitía resistir las innumerables dificultades de la vida. Todo lo contrario sucede en la segunda modernidad, en la que el mundo, sin el lastre de marcos colectivos y simbólicos, se vive con inseguridad identitaria y psicológica. Había una integración y una identificación sociales de los individuos que funcionaban por sí mismas: ahora, en cambio, tenemos una fragilización creciente, así como una individuación insegura y reflexiva.

Naturalmente, las primeras manifestaciones de la cultura-mundo no datan de hoy, ya que la idea de cosmopolitismo es uno de los valores más antiguos que ha inventado la civilización occidental religiosa y filosófica. Pero lo que se manifiesta en nuestros días es de naturaleza totalmente distinta. No ya un universal humanista y abstracto, cargado con un ideal moral y político (la Ilustración y sus objetivos de emancipación del género humano), no ya el internacionalismo proletario con su ambición revolucionaria, sino un universalismo concreto y social, complejo y multidimensional, hecho de realidades estructurales que se cruzan, interaccionan y chocan. *El mercado, el consumismo, la tecnociencia, la individuación, las industrias culturales y de la comunicación* constituyen sus principios organizadores de fondo. La combinación de estos cinco dispositivos tan fundamentales como heterogéneos construye el modelo ideal típico de la cultura-mundo. Son lógicas estructurales que contribuyen a difundir por todo el planeta una cultura común, objetivos y modos de consumo similares, normas y contenidos universales, esquemas de pensamiento y de conducta que no tienen fronteras. Aunque el globo dista mucho de estar unificado y probablemente no lo estará nunca, es innegable que está atravesado y ampliamente remodelado por esos dispositivos creadores de una cultura transnacional multipolar.

Pero aún hay más. Cultura-mundo significa, en un plano más antropológico, una nueva relación existencial con lo lejano, una intensificación de la conciencia del mundo como fenómeno planetario, como totalidad y unidad. Por lo cual la globalización es una nueva realidad objetiva en la historia al mismo tiempo que una realidad cultural, un hecho de conciencia, de percepción y sentimiento. Las nuevas tecnologías, los medios de comunicación de masas, Internet, la velocidad de los transportes, las catástrofes ecológicas, el fin de la guerra fría y del imperio soviético, todo esto ha comportado no sólo «la unidad» del mundo, sino también la conciencia de esta unidad, de nuevas formas de ver, de vivir y de pensar. Actualmente, lo que sucede en la otra punta del globo suscita reflexiones y temores estemos donde estemos, odios y corrientes de empatía. La cultura-mundo coincide, en este sentido, con «la compresión del tiempo y del espacio»,[1] con la erosión de las fronteras, una nueva forma de experimentar la relación entre el aquí y el allá, lo nacional y lo internacional, lo próximo y lo lejano, lo local y lo global. El espacio, en cierto modo, se ha encogido y el tiempo se ha acelerado, hemos entrado en la era del espacio-tiempo mundial, del cibertiempo global, lo cual no significa en ningún caso, digámoslo ya, la desaparición de las distancias culturales.

Con el desarrollo de los medios de masas y el ciberespacio existe la posibilidad de estar informados de todo, estemos donde estemos, dado que los rincones más aislados

---

1. Admitimos la fórmula ya clásica de David Harvey, *The Condition of Postmodernity*, Blackwell, 1990. [*La condición de la posmodernidad*, Amorrortu, Buenos Aires, 1998.]

están unidos a lo global. Las personas, de manera creciente, viven la experiencia de un mundo único cuyas interdependencias, interconexiones e interacciones se van ampliando. Naturalmente, no todo hijo de vecino es como los elegidos de la jet set, que comparten las mismas costumbres, compran las mismas marcas de lujo y se mueven como Pedro por su casa en las mismas grandes cadenas de hoteles internacionales. No es menos cierto que, paralelamente a este «cosmopolitismo de aeropuerto», se afirma la experiencia cotidiana de un mundo globalizado, sea a través de las amenazas ecológicas, la difusión «aerotransportada» de epidemias víricas, los imperativos universales del mercado, las crisis económicas, las migraciones y diásporas, los actos terroristas, los grandes acontecimientos mundiales (juegos olímpicos, mundiales de fútbol, desaparición de Michael Jackson): son fenómenos que no conocen fronteras y que se perciben así. Por lo cual la cultura-mundo favorece nuevas formas de vida transnacional y la creciente sensación de vivir en un mismo universo globalizado.

La cultura-mundo, en definitiva, consagra dos grandes ideologías o corrientes de pensamiento de esencia cosmopolita: la ecología y los derechos humanos. Por un lado, la época ve multiplicarse las declaraciones, las leyes, los compromisos internacionales que favorecen la protección del medio ambiente y el desarrollo sostenible. Al productivismo ciego se opone ahora el imperativo de una tecnologización reflexiva y ecológica que debe tener en cuenta la dimensión integral del planeta, en nombre de toda la humanidad y de su futuro. Por el otro, la ideología universalista de los derechos humanos se impone como valor central, a diferencia de lo que ocurría en la primera modernidad, cuando quedaban en segundo plano en relación con los valores nacionales o revolucionarios. Esta consagración se expresa notablemente en el creciente poder de los movimientos humanitarios y de las ONG transnacionales, cuyas intervenciones y cuya capacidad de actuación no cesan de aumentar. Estas organizaciones de dimensiones internacionales que defienden causas humanitarias sin reparar en los límites de las naciones ejemplifican el rostro altruista y desinteresado de la cultura-mundo universalista.

La cultura-mundo, como hemos visto, plantea los problemas de la nueva configuración del espacio-tiempo, la universalización del capitalismo, los valores consumistas, la consagración de los derechos del individuo y la ecología. Pero plantea también la delicada cuestión del destino cultural de nuestro planeta y, por decirlo más llanamente, de eso que a veces se denomina occidentalización del mundo. ¿Significa la cultura-mundo la uniformización planetaria bajo la égida de los principios y valores de Occidente o bien una «reinvención de la diferencia» cultural en un mundo transformado en tecnomercancía? Por un lado, se agita el fantasma del imperialismo americano-occidental y el fin de la historia como triunfo definitivo de los valores liberales; por el otro, vemos la rehabilitación y acentuación de la etnicidad, de los conflictos y particularismos identitarios. De ahí el dilema de saber si la modernización del último período quiere decir convergencia de culturas y naciones o bien «choque» de civilizaciones.

Estos problemas adquieren mayor relieve a causa de dos novedades de fondo que lanzan un tremendo desafío a las ambiciones de la civilización occidental. En primer lugar, la crisis del medio ambiente y el calentamiento climático impulsan a algunos a afirmar que es imposible la generalización del modo de vida occidental, que se basa en el productivismo y el consumismo desbocados. En segundo lugar, la segunda globalización lleva aparejada la crítica al etnocentrismo, el retroceso de la hegemonía occidental y la etnicización interior de sus naciones, pero también el descrédito de sus valores y la denuncia de sus agresiones económicas y culturales. En sus formas extremas, la crítica de la arrogancia imperialista plantea el universalismo de la Ilustración como un simple particularismo occidental. En este nuevo contexto internacional y policéntrico florece la idea de «modernidades múltiples», de modernidades distintas de las occidentales. Pero ¿cómo entender exactamente estas problemáticas?

Si se trata de sostener que la modernidad se concreta realmente de formas diversas a través del derecho, de la organización económica y las culturas políticas nacionales, entonces la tesis de las modernidades múltiples no es refutable. El universalismo moderno, en efecto, no ha dejado nunca de generar, incluso en los países europeos, dispositivos particulares en función de las diferentes culturas e historias. Y esto se acentúa en nuestros días sobre todo por la pujanza modernizadora de culturas no occidentales. Si se trata de decir que hay modernidades que escapan a los principios estructuradores del mundo occidental moderno, la tesis es muy discutible, toda vez que da un peso excesivo a los factores políticos, culturales y religiosos, al mismo tiempo que subestima el valor de otras organizaciones con peso (economía, ciencia, técnica, educación, individuación). La verdad es que el proceso de modernización sigue en todas partes los mismos caminos estructurales. Por ello parece más apropiado hablar de «variedades de modernidad» que de «modernidades múltiples».[1] Aunque la occidentalización a

---

1. Cf. Shmuel Eisenstadt, «Multiple modernities», *Daedalus*, vol. 129 (1), 2000, y la crítica de Volker H. Schmidt, «Multiple modernities or varieties of modernity?», *Current Sociology*, vol. 54 (1), 2006.

la antigua usanza (el colonialismo) ha caducado, no puede decirse lo mismo de su «proyecto» histórico fundamental ni de los dispositivos centrales universalistas que lo encarnan. ¿Es la globalización lo que pone fin a la dinámica occidental, creadora de la modernidad, al «provincializarla»? El texto que sigue no comparte este punto de vista: a pesar de la reactivación de las identidades particulares, lo que despunta no es tanto una «modernidad mestiza» como una hipermodernidad mundial, una modernización hiperbólica, aunque reformateada por las exigencias identitarias y ecológicas. En esta perspectiva, sean cuales fueren la crispación actual de las idiosincrasias particulares y el juego de las influencias cruzadas, no bastarán para impedir el movimiento de convergencia planetaria ni la difusión de las instituciones y procesos universales de una misma modernidad. Sólo que convergencia progresiva de las sociedades no quiere decir semejanza entre ellas.

El mercado como cultura global

La cultura-mundo designa el momento en que el capitalismo se ha extendido por todo el mundo, en que el mercado se ha planetarizado, en que todas las naciones han tomado el camino de las privatizaciones y las desreglamentaciones económico-financieras. El capitalismo, que «apareció en la civilización occidental y únicamente en ella» (Max Weber), se ha universalizado. En todas partes reina ya el sistema del capitalismo globalizado y financierizado, un hipercapitalismo desbocado cuyo precio estamos pagando cruelmente. Como es lógico, la crisis mundial que atravesamos y que ha vuelto a dar al Estado un papel económico de primer orden comportará nuevas medidas reguladoras, hasta el extremo de que algunos han anunciado una inevitable ruptura con el paradigma del «turbocapitalismo» desmesurado y caótico. Sin embargo, no lleguemos demasiado aprisa a la conclusión de que el hipercapitalismo morirá, pues el mercado, desde la desaparición del bloque del Este, y por primera vez en su historia, carece de auténtica alternativa, de un modelo de recambio creíble. La época, ciertamente, está a la espera de un nuevo equilibrio entre el Estado y el mercado, de una gobernación política de la globalización, de que haya más prudencia y equilibrio en la esfera económica, de un modo de desarrollo que respete el medio ambiente: sin embargo, no estamos seguros en absoluto de que todo esto ponga fin a la competencia desaforada entre las empresas, a la fiebre especuladora, al «crecimiento irracional de los mercados».[1]

Y aún hay más. El triunfo del mercado, en efecto, no es sólo económico: es cultural, pues se ha convertido en esquema estructurador de la mayor parte de nuestras organizaciones, en el modelo general de las actividades y de la vida en sociedad. Ha conquistado el imaginario colectivo e individual, las formas de pensamiento, los objetivos de la existencia, la relación con la cultura, con el deporte, con el arte, con la educación. Al cabo de mucho tiempo, el capitalismo creó una cultura, es decir, un sistema de normas y valores, pero aquélla estaba limitada, frenada y contextualizada por todo un conjunto de dispositivos (la Iglesia, el Socialismo, el Estado republicano, la Nación, el Arte, la Escuela, las culturas de clase) que impedían la legitimación universal y global del mercado, el advenimiento de una sociedad de

1. Hasta el momento no se ha hecho ninguna reforma de fondo de la normativa bancaria que sirva para prevenir los riesgos imprudentes y las derivas del capitalismo financiero.

mercado. Esto ha cambiado: aunque estas instituciones perduran, ya no funcionan como contrapesos efectivos en el orden homogéneo del mercado, que se presenta ahora como uno de los «significados imaginarios centrales» del mundo contemporáneo (Castoriadis) y se impone como cultura global sin fronteras, como un sistema de referencia dominante, una nueva forma general, para el individuo y la sociedad, de vivirse, de verse, de proyectarse, de conducirse. En la actualidad todo se piensa en términos de competencia y de mercado,[1] de rentabilidad y éxito, de máximos resultados al menor coste, de eficacia y beneficios. Mediante la universalización de este modelo imaginario-social el hipercapitalismo se presenta, paralelamente a su planetarización, como una cultura-mundo.

Algunos teóricos han desarrollado la tesis de que el auge de la sociedad de mercado significa la destrucción de los sistemas simbólicos en beneficio de la mera lógica gestora y del individuo calculador. Comenzaría una nueva era «nihilista», caracterizada por la disolución del componente cultural del mundo, por una dinámica guiada estrictamente por el éxito y vacía de ideales, de proyectos y valores humanistas. No quedaría más que el culto al dinero, la obsesión de la competitividad por la competitividad, sin ninguna respuesta al «por qué». ¿Deterioro de la simbolización? Es verdad que podemos deplorar el «totalitarismo» económico actual: pero también es cierto que el fenómeno equivale menos al fin de lo simbólico que al advenimiento de un nuevo orden simbólico, cuya característica es que es único y mundial. No «descivilización» o «descultura», sino otra cultura, una cultura-mundo que a su vez produce significa-

---

1. Desde la clasificación mundial de Shanghái, hasta las universidades se han incluido en el orden de la competencia internacional.

dos culturales, normas, mitos. Las instancias de la producción simbólica no son ya la religión ni los sistemas de parentesco: es el mercado, que no se puede reducir a un sistema neutro de intercambio económico. Como dijo Marshall Sahlins, «el carácter único de la sociedad burguesa no consiste en el hecho de que el sistema económico escape a la determinación simbólica, sino en que el simbolismo económico es estructuralmente determinante».[1]

La cultura del business triunfa por doquier, exhibiéndose en los medios, magnetizando los deseos y las aspiraciones. Cuando reina la cultura-mundo del hipercapitalismo, tener éxito es ganar dinero, ser célebre, ser un ganador: así, los políticos ya no son modelos, pues han sido destronados por los divos y divas de las *success stories*. Los valores antieconómicos, los contrapesos del reinado del mercado desaparecen a gran velocidad. Las izquierdas parlamentarias se han convertido ampliamente a los principios del liberalismo económico globalizado. Las empresas de servicio público se administran según métodos y criterios procedentes del sector privado. La escuela ya no tiene por misión superior inculcar valores morales, republicanos y patrióticos: funciona como un servicio que se ofrece a consumidores exigentes y críticos que deciden entre escuela privada y escuela pública. Las humanidades ya no atraen a las élites: las grandes escuelas de comercio han tomado el relevo. El lujo está de moda, el dinero, las fortunas y las transacciones comerciales se exhiben sin complejos incluso en el deporte. La edad hipermoderna celebra por todo lo alto las bodas del dinero y el deporte, que tiende a convertirse en un sector económico

---

1. Marshall Sahlins, *Au coeur des sociétés. Raison utilitaire et raison culturelle*, Gallimard, 1976, p. 262. [*Cultura y razón práctica*, Gedisa, Barcelona, 2006.]

con todas las de la ley: el deporte business ha destronado el ideal tradicional del deporte desinteresado.

Con el hundimiento del imperio soviético, la cultura-mundo emprende el vuelo bajo el signo de un liberalismo planetario sin fronteras. Pero no triunfa de manera «natural» ni fortuita. Se ha construido como un proyecto normativo, una ideología planetaria, una revolución encargada de traer al mundo la abundancia, la paz y el bienestar, gracias a las virtudes del mercado y de la competencia, libres de trabas reglamentarias. Rompiendo con las políticas keynesianas, los Estados y las grandes instituciones económicas internacionales se dedican a hacer triunfar políticas de privatización, de liberalización de mercados, de desmantelamiento de las medidas proteccionistas en todo el mundo, incluidos los países en vías de desarrollo. Porque el capitalismo globalizado no es sólo un fenómeno económico basado en un enfoque «racional», es también un fenómeno cultural nacido de un proyecto ideológico, de una concepción del mundo, de un mito –autorregulación del mercado, maximización de los intereses de todos los agentes económicos–, de una convicción cuyas ideas-fuerza se han aplicado por doquier, indistintamente, sin tomar en consideración las especificidades nacionales.

Pero lo que debía liberar a la sociedad de sus antiguas trabas ha creado una economía que escapa en buena parte al control de las personas, una economía ingobernable y caótica en la que los márgenes de maniobra del Estado son cada vez más estrechos, sometido como está a los apremios de la competencia internacional. La cultura-mundo enciende el fuego del altar de la libertad y la responsabilidad de los agentes económicos, pero el mundo que organiza funciona como un sistema anónimo dotado de una necesidad implacable, hasta tal punto se manifiesta la hegemonía de los criterios de rentabilidad y de eficacia económica. Al mismo tiempo, la cultura-mundo debía ser el instrumento de la prosperidad: pero ha acarreado desigualdades extremas, desempleo masivo, degradación de categorías profesionales. El cosmopolitismo clásico era un asunto de conciencia, de elección ideológica, de voluntarismo ético y político: vehiculaba una ideología de emancipación. Ya no ocurre así en la cultura-mundo del hipercapitalismo, que se presenta como una amenaza, algo que se sufre y que es a la vez una fatalidad, una coacción que dicta los imperativos de adaptación y flexibilidad, de competitividad y modernización para no ser eliminados de la palestra mundial: «globalizarse» o desaparecer. Ya nada puede escapar a ella: hemos pasado del cosmopolitismo libre y voluntario a un cosmopolitismo inevitable cuyo objetivo es la supervivencia económica. Se acabó el compromiso libre del ciudadano del mundo; ahora toca una «globalización bajo coacción».

La temática de la «gobernación cosmopolita» toma cuerpo precisamente cuando los grandes problemas económicos del mundo escapan al poder de los Estados-nación. De ahí la acertada observación de Pierre Hassner: «Cuanto más ingobernable e irresponsable parece el mundo, más puntos ganan las ideas de gobernación y responsabilidad.»[1] La cuestión que se plantea desde entonces es saber en qué medida estará la cultura-mundo, después del desastre desencadenado por la hipertrofia del crédito al consumo, en condiciones de salir de este estado de ingobernabilidad sistemática y tendente al dominio descentrado de los mercados. ¿Qué imagen de la cultura-mundo se quiere construir

---

1. «De la crise d'une discipline à celle d'une époque», en Marie-Claude Smouts, *Les nouvelles relations internationales. Pratiques et théories,* Presses de Sciences-Po, 1999, p. 377.

cuando se expresa la imperiosa necesidad de regular, de «refundar», de «moralizar» la globalización? Por lo pronto vale la pena señalar que esta gran crisis de la era de la globalización trae aparejado el rechazo del proteccionismo y del nacionalismo económico: lo que se pretende es instalar, a escala mundial, nuevas reglas capaces de moderar el capitalismo, de restablecer la confianza, de asegurar la estabilidad bancaria, de promover la integridad de los mercados financieros, de reformar las instituciones financieras internacionales. La vuelta a una economía estatal y a la planificación centralizada no está a la orden del día, en ninguna parte: ahora bien, la crisis de la cultura-mundo liberal señala en cierto modo su triunfo en la medida en que ningún gran Estado se proclama libre de ella. Conviene salvar la cultura-mundo de ella misma fijando nuevas reglas que aseguren su desarrollo sostenible. El imperativo es regular la globalización, pero esto no quiere decir gobernar el curso del mundo dominando de cabo a rabo la economía globalizada: únicamente impedir su autodestrucción suicida levantando diques capaces de contener sus locuras, su hipertrofia financiera, sus burbujas especulativas. En estas condiciones, la cultura-mundo liberal, con la fuerza indomeñable de sus mercados, con su dinámica de la rentabilidad por la rentabilidad, de competencia sin finalidad que se impone irremediablemente a las voluntades individuales, no está en modo alguno en la recta final de su carrera.

Arte business

El universo del arte actual ilustra asimismo de un modo patente el triunfo de la cultura-mundo, de un mundo y una cultura que se han vuelto mercado. Por lo menos desde Andy

Warhol, que no dudaba en proclamarse *business artist*, el modelo del artista rebelde que rechaza las normas del mundo burgués pertenece al pasado. En nuestra época ya no se busca la gloria inmortal, sino el reconocimiento inmediato, la celebridad mediática y el éxito comercial. La ambición revolucionaria ha cedido el paso a las estrategias de promoción, al lanzamiento al estrellato de los artistas jóvenes: éstos ya no dudan en utilizar los métodos del marketing para construir su imagen, en trabajar para las empresas y la publicidad, en un mundo donde las fronteras entre el arte y la moda, entre la vanguardia y lo comercial están en disolución permanente.

Acabada la cultura «sacrificial» de las vanguardias, con su odio a los valores establecidos, el ideal es aparecer en los medios, exponer en las ferias y bienales de todo el mundo, figurar en el *Kunst Kompass*. El valor de una obra ya no viene dado fundamentalmente por la gratuidad de su estética o por su radicalismo, sino que depende en primer lugar de su valor comercial: hoy es el mercado el que hace al artista. Por lo demás, lo que resaltan sistemáticamente los medios es el precio mercantil de las obras, que se ha convertido en un acontecimiento, en una proeza sensacionalista, en un signo de gloria a la misma altura que los éxitos astronómicos de taquilla conseguidos por las superproducciones. Por eso, Damien Hirst no se presenta en la prensa exactamente como creador de un estilo, sino como «el artista vivo más caro del mundo». Mientras que las obras actuales –cuyo precio se acerca a veces al de las grandes obras consagradas por el tiempo– se imponen como productos de inversión y como objetos de especulación, en 2008 se vio que Damien Hirst vendía en subastas 233 obras recientes que salían directamente de su taller sin pasar antes por una galería. Después del arte subversivo, el arte business.

En este contexto hemos pasado a una nueva etapa en la internacionalización del mercado del arte. El sistema «artesanal» y nacional ha sido reemplazado por un mercado global centrado en un binomio de sociedades de subastas (Christie's y Sotheby's) presentes en el mundo entero, en la multiplicación de las ferias y las bienales internacionales, en un puñado de megacoleccionistas y otro puñado de galerías estrella. Caracterizado por la multiplicación de las transacciones, las inversiones masivas, los precios que se disparan, las apuestas financieras, el mercado del arte actual se presenta de manera creciente con los rasgos de un mercado especulativo mundial cuya expansión carece de precedentes: la cifra de negocios del mercado mundial del arte pasó de 27.700 millones de euros en 2002 a 43.300 en 2006. El epicentro de este mercado es Nueva York, aunque el arte moderno y contemporáneo se vende cada vez más en China, la India, Indonesia, Dubai. Mientras las multinacionales de las subastas organizan ventas de arte ruso, chino, hindú, las asiáticas intervienen masivamente en el mercado, adquiriendo obras chinas actuales, aunque también de Rothko o Warhol. El mercado de arte chino ocupa ya el tercer lugar mundial, detrás de Nueva York y Londres. En 2007, China representaba el 24% del mercado del arte actual y, entre los veinticinco artistas más cotizados del mundo, la mitad eran chinos: en 2008, Zhang Xiaogang ocupaba el segundo lugar, por delante de Jeff Koons.

La internacionalización hipermoderna del arte se basa asimismo en los árbitros institucionales cosmopolitas (especialistas de casas de subastas, comisarios de exposiciones, conservadores de grandes museos) y en las galerías en red que se dedican a lanzar al estrellato a jóvenes artistas mediante auténticas estrategias de comunicación y marketing, destinadas a hacer subir los precios. El star-system, con sus glorias y cotizaciones internacionales, se ha infiltrado hasta en el mundo del arte: estamos en un momento en que las revistas publican la lista de los cien artistas actuales más cotizados a nivel internacional. Para ser «reconocido» hoy hay que estar integrado en las redes del mercado internacional: fuera de esta escala no hay salvación. Al otorgar la condición de estrella a un número muy limitado de artistas, el arte internacional hipermoderno no escapa a los efectos de la moda, como tampoco a una nueva forma de academicismo: mientras que la mayoría de los artistas queda marginada, son siempre los mismos nombres los que aparecen bajo los focos mediáticos y son expuestos en los grandes museos de arte contemporáneo del mundo. Las marcas comerciales ya no son las únicas que ejemplifican el triunfo de la cultura-mundo del business, la imagen y los famosos: también el arte participa de este universo, un arte cada vez más cercano a una industria de lujo que consagra la era del dinero-rey con sus excesos y sus fenómenos de moda, sus superbeneficios y su artificialidad.

Si la globalización del arte está caracterizada por una fuerte concentración del mercado, lo está igualmente por una diversificación cultural de la oferta que se abre a artistas no occidentales. Europa y Estados Unidos han dejado de tener el monopolio de la creación contemporánea, Occidente ya no es el único que atribuye las cotizaciones y los reconocimientos artísticos. Hay ya cierta cantidad de obras de artistas orientales contemporáneos que alcanzan precios astronómicos y se exponen en los grandes museos y en las bienales del mundo entero. Artistas que, liberados de las primeras obligaciones vanguardistas, revisitan su pasado cultural y encuentran inspiración en el diálogo entre modernidad y tradición no occidental. Dicho esto, sería un error interpretar este multiculturalismo como un retroceso del régimen artístico característico del Occidente moderno y contemporáneo. Por el contrario, es más bien su universalización planetaria lo que está en funcionamiento, ya que todos los artistas del mundo juegan hoy al mismo juego del arte «moderno», con sus imperativos comerciales y mediáticos, sus criterios de autenticidad, de originalidad y renovación, sus operaciones de superación, de experimentación y de «indefinición». La cultura del mestizaje es uno de los ingredientes del arte en el momento de la cultura-mundo: sólo que lo que le proporciona su «ley» y su lugar en la sociedad no es tanto la dinámica de hibridación como el *ethos* modernista, individualista, mediático y comercial, impulsado por el desencantado mundo occidental. Los contenidos podrán orientalizarse o africanizarse, pero la forma, las problemáticas estéticas, la articulación con la sociedad y la economía comercial entran en el régimen *híper*, en las estructuras legadas por la modernidad de Occidente.

Naturalmente, los vínculos entre mundo del arte y mundo económico no son nuevos. Pero hemos pasado a una etapa nueva, ya que en la cultura-mundo la complicidad entre el arte y el dinero es total, se ha llevado al extremo. El universo moderno de la cultura, desde el siglo XIX, se construyó en torno a la oposición frontal entre alta cultura y cultura de masas, cultura pura y cultura comercial, arte y mercado. Por una parte, una cultura basada en la temporalidad y brevedad de los productos, en el marketing, por tanto una cultura regida por las leyes generales de la economía; por la otra, el arte y la literatura de vanguardia, que obedecían a lógicas opuestas, a una especie de proceso antieconómico (valoración del desinterés, desprecio y rechazo de lo comercial). Es esta dicotomía radical lo que se ha desintegrado ante nuestros ojos, dispersándose en una constelación de operaciones financieras, marketing y comercialización generalizada. En la actualidad, la parte «romántica» del arte, la que se proclamaba autónoma y enemiga de los valores económicos, ha desaparecido: el universo de la cultura ha dejado de ser un antimundo, un mundo aparte, un «imperio dentro de un imperio». Ahora lo vemos globalmente estructurado por las mismas leyes que organizan el sistema mediático y económico dominante.

Esto es válido no sólo para los artistas y las galerías, sino también para los museos, que en adelante deben administrarse como empresas, atraer «clientela» en masa, realizar gestiones de marketing y poner en práctica operaciones de comunicación. Después de la utopía cultural, el museo como empresa cultural que conjuga lógica artística y lógica administrativa, que adopta los métodos en uso en las empresas con fines lucrativos. Para incrementar sus recursos, los museos disponen de restaurantes, librerías y tiendas, comercializan productos derivados, alquilan sus espacios a empresas privadas para celebrar cenas de gala o rodar películas, crean sitios en Internet con vocación comercial, desarrollan políticas internacionales de «expansión cultural», fundan nuevos servicios culturales (conciertos, filmotecas, viajes culturales, espectáculos en vivo, festivales). Invierten en el cine: el Louvre ha coproducido tres películas de ficción. Y eso sin contar las exposiciones organizadas en función de los saldos financieros y de la rentabilidad de lo invertido.

Conforme se consolida el negocio museográfico, se trata de que los museos obtengan resultados turísticos importantes que contribuyan al desarrollo urbano, que permitan la reconversión de zonas industriales (Bilbao y el Museo Guggenheim de Frank Gehry), que estimulen un turismo cultural que en Francia representa ya más del 10% del sector. De ahí la proliferación de museos en las ciudades grandes y medianas, una especie de epidemia museística, típica de la cultura *hiper* del mercado, la imagen, el consumo cultural. Con objeto de intensificar la afluencia del turismo y promover la imagen de las ciudades, los nuevos museos tienden a concebirse como «atracciones arquitectónicas» firmadas por estrellas internacionales (Zaha Hadid, Rem Koolhaas, Christian de Portzamparc, Jean Nouvel...), museos-espectáculo en los que la arquitectura causa sensación y cuenta más que las obras expuestas. En el momento de la hipercultura comercial, el desarrollo económico-turístico se impone como una de las grandes misiones reservadas a los museos.

Y no estamos más que en el comienzo de este proceso de comercialización de la cultura. En 2008, el Museo Picasso de París prestó 195 obras del maestro para que se expusieran en el Palacio de los Emiratos de Abu Dabi: una exposición que ha reportado unos 15 millones de euros y que permitirá financiar las obras de restauración del museo parisiense. A lo cual hay que añadir el proyecto de crear museos internacionales franquiciados, multinacionales del arte según el modelo de las grandes firmas. Así, el museo de Bilbao es un museo franquiciado que trabaja la marca Guggenheim. El Museo del Hermitage de San Petersburgo, en sociedad con la fundación Guggenheim, tiene abierto desde 2001 un museo concebido por Koolhaas en un hotel casino de Las Vegas donde se exponen obras procedentes de las colecciones de ambas entidades; y el célebre museo ruso acaba de inaugurar en Ámsterdam una filial de 9.000 metros cuadrados. En 2012 abrirá en Abu Dabi una sucursal del Louvre: se ha calculado que el proyecto reportará a Francia casi mil millones de dólares por utilizar el nombre del Louvre, por organizar exposiciones y por prestar obras. Ha llegado la época de las políticas de licencia, de los museos satélites, del museo que funciona como una marca que se vende, se compra y se exporta. El mundo del gran arte se proclamaba otro mundo, con otras leyes, con otras normas, en conflicto con el universo mercantil: hoy se ha convertido en un continente del mundo hipercomercial globalizado.

El planeta-consumo

Si hay que hablar de cultura-mundo es también porque se difunde una cultura sin fronteras que no es otra que la del consumo comercial a ultranza. Una cultura de hiperconsumo, apoyada en una economía posfordiana cuyos grandes pilares son: la multiplicación de gamas y opciones, la hipersegmentación de los mercados, la aceleración del ritmo de lanzamiento de los nuevos productos, la proliferación de la variedad, la hipertrofia del marketing. Es una nueva economía de consumo que funciona en todos los aspectos con el *híper* por delante: cada vez más gigantesca (hipermercados y centros comerciales), cada vez más rápida (comercio en línea), con créditos cada vez más fáciles, con creciente endeudamiento de los hogares[1] (con el calamitoso resultado que ya conocemos, pues la recesión mundial que nos azota se desencadenó a raíz de la crisis de las *subprimes),* cada vez más marcas de gama alta, más gastos de lujo[2] y más, en términos generales, objetos, modas, viajes, músicas, juegos, parques temáticos, pero también más comunicación, más imágenes, más obras de arte, películas, series de televisión.

---

1. Entre 2001 y 2006 la tasa de endeudamiento de los hogares estadounidenses pasó del 100% al 120% de los ingresos anuales disponibles. Se estima que el endeudamiento total neto de los hogares estadounidenses es actualmente del orden del 110% del PIB.
2. La cifra mundial de negocios del lujo ha pasado de 90.000 millones de euros en 2000 a 170 o 180.000 millones en 2008.

Cada vez se consumen más servicios; se consume en todas partes, en los hipermercados y en las galerías comerciales, en los cines, las estaciones, los aeropuertos, los pasillos del metro; se consume cada vez más los domingos, por la noche, de madrugada, a todas horas y en todas partes: una dinámica llevada al extremo con la revolución del cibercomercio. Mientras las fiestas de significado religioso se metamorfosean en festivales de la adquisición, en algo así como bacanales del consumo, todos los antiguos límites espaciotemporales del consumo tienden a borrarse. Estamos en un momento en que casi todos nuestros intercambios tienen precio, en que nuestras experiencias se encuentran implicadas en una relación comercial. Por todas partes se extiende el reino de la oferta individual, el imperio de las marcas y los señuelos comerciales; es la hora de la comercialización casi total, no sólo de los objetos, sino también de la cultura, el arte, el tiempo, la comunicación, la procreación, la vida y la muerte. El capitalismo de hiperconsumo se distingue por esta hipertrofia de la esfera comercial que trae aparejada una formidable expansión de la lógica consumista de la oferta individual, presente ya en todos los dominios de la vida.

Finalizado en nuestro territorio el capitalismo de producción, llega el capitalismo de hiperconsumo, en el que los gastos de consumo de los hogares pasan a ser el primer motor de crecimiento: en 2008 representaban el 71% del PIB estadounidense. Como es lógico, no todo el planeta vive a este ritmo de consumo desaforado: aún falta mucho, pues la mitad de la población del globo vive con menos de dos euros al día.[1] En 2030, la diferencia del nivel de vida entre

---

1. De los dos mil millones y medio de habitantes que tienen en conjunto China y la India, más del 50% vive con menos de dos dólares diarios.

la India y Estados Unidos será todavía de 1 a 10, en China de 1 a 5, en Brasil de 1 a 6. Pero en todas partes las clases medias gozan ya de un nivel de vida consumista con gastos discrecionales. En la India actual hay 150 millones de ciudadanos de clase media con medios para adquirir gran cantidad de bienes duraderos; en China se calcula que son más de 100 millones; según el Instituto McKinsey, podría multiplicarse por cinco de aquí a 2025.

Sea como fuere, la abundancia consumista occidental representa un sueño para la mayoría de las personas, aparece como una aspiración generalizada, un modelo de vida con tendencia a universalizarse. Los países de nuestro ámbito que han interiorizado los valores consumistas, incluso los que tienen menos recursos, son ya hiperconsumidores, especialmente de imágenes y medios de masas. Naturalmente, en el mundo de poscrisis que se avecina, Estados Unidos tendrá que aprender a ahorrar, pero China, por citar sólo este ejemplo, tarde o temprano deberá, para depender menos de los altibajos del mercado mundial, estimular su demanda interior y construir a su vez un capitalismo de consumo.

Tomando nota de la creciente estandarización de los estilos de vida y de la globalización del consumo, François Jullien critica la idea de que la cultura-mundo comercial tenga una naturaleza universal, alegando que su racionalidad no se basa en el deber ser ni en una necesidad de principio, sino en la mera lógica económica. «Pseudouniversalidad», según él, el universo del consumo no haría sino trasladar el reinado de la uniformidad, de la semejanza y del estereotipo a la dimensión planetaria, sin apoyarse en ningún fundamento de razón: simple conveniencia, no es en absoluto una prescripción válida como principio ni como ley universal.[1]

1. François Jullien, *De l'universel, de l'uniforme, du commun et du*

Ciertamente, siempre es útil dedicarse a aclarar conceptos y a señalar sobre todo la diferencia entre lo universal y lo uniforme. Pero ¿se puede negar, en este caso, todo atributo de universalidad a la dinámica consumista? En la medida en que ésta permite la mejora de las condiciones de vida, el bienestar material y la «búsqueda de la felicidad», al menos una parte del orden consumista posee una exigencia de universalidad de derecho y puede apelar a una fuerte legitimidad de carácter moral: la de mejorar la vida material de las personas. Sean cuales fueren las derivas y excesos innegables del consumismo hipermoderno, es demasiado reductor querer limitarlo a la mera lógica económica y funcional: en realidad hay una legitimidad de fondo que apoya su funcionamiento. En este sentido, no suscribimos la idea de que la uniformización comercial de los modos de vida represente «el sosias desnaturalizado de lo universal»:[1] en un universo secularizado, el vivir mejor y la salud que propicia el aumento del nivel de vida se imponen como derechos humanos, exigencias de la razón, horizonte auténticamente universal de las sociedades y no sólo como un principio económico.

Pero si a pesar de todo hay una dimensión moral en el consumismo hipermoderno, también hay algo anárquico, irracional, profundamente irresponsable, hasta tal punto devastan la ecosfera nuestros estilos de vida y no pueden generalizarse a toda la humanidad: si los seis mil millones y pico de seres humanos vivieran como los ciudadanos de los países ricos, harían falta varios planetas para subvenir a sus necesidades. En este contexto, nuestra época exige transformaciones radicales: menos despilfarro, grandes inversiones

---

dialogue entre les cultures, Fayard, 2008. [*De lo universal, de lo uniforme, de lo común y del diálogo entre las culturas,* Siruela, Madrid, 2010.]
    1. Ibíd., p. 13.

en las energías renovables, una ecología industrial, un ecoconsumo. Todas estas transformaciones son necesarias, eso ya se sabe, pero en las sociedades caracterizadas por la innovación incesante y por el individualismo hay más probabilidades de que se aposente un *hiperconsumo sostenible* que una nueva sociedad frugal. No es una economía austera lo que se avecina, sino una economía ecológica con bajas emisiones de carbono que, mejorando la eficacia energética, pueda relanzar la demanda de manera sostenible. Pero no hay que soñar: ni el desarrollo verde ni las costumbres adquisitivas ecológicas o más económicas detendrán la comercialización exponencial de los estilos de vida, el poder de las marcas y el gusto por ellas,[1] ese apetito por las novedades que es consustancial a las sociedades destradicionalizadas, en las que el consumo desempeña un papel de estímulo existencial y compensador de las desdichas de la vida. No enterremos demasiado pronto la economía del consumo inútil y superfluo: el sedicente reinado del consumo racional, cívico y razonable corre peligro de mostrar enseguida sus límites. Pero el modelo de crecimiento sostenible es el único medio posible para que se generalice a todo el planeta un modelo hiperconsumista liberado de su forma primitiva, indiferente al futuro y al medio ambiente.

Marcas y «famoseo»

No son sólo los objetos comerciales los que se multiplican y difunden en el cuerpo social con el capitalismo de

---

1. Según el gabinete de estudios Millward Brown, a pesar de la crisis que sacude la economía mundial, el valor de las cien mayores marcas mundiales ha aumentado un 1,7% en 2008.

consumo: es una nueva cultura, con nuevos referentes que se apoderan de la cotidianidad. Una cultura que exalta sin cesar los placeres del bienestar y del ocio, de la moda y del entretenimiento: no ya los ideales sacrificiales, sino el goce de las sensaciones, del cuerpo, de las vacaciones.[1] Se construye toda una cultura hedonista publicitando los sueños de felicidad privada bajo el signo de la diversión, la ligereza, el erotismo, el humor. Después de los ideales de la renuncia ha llegado una cultura de desculpabilización, de tentación, de estimulación permanente de los deseos. Los ideales heroicos del futuro, típicos de la primera modernidad, han cedido el puesto a una cultura que mitifica el presente, una cultura de satisfacción de deseos continuamente renovados.

Cultura de consumo hiperbólico que se impone igualmente como cultura de marcas. Los logotipos se anuncian en todas partes y en todos los soportes; aparecen, con el auge del *product placement,* en las películas y series de televisión. Sus nombres destacan en todas las grandes arterias de las ciudades, en los museos patrocinados, en las tiendas libres de impuestos de todos los aeropuertos del mundo, en los sitios y enlaces de Internet. Europa tiene más tiendas de lujo –30.000– que librerías. ¿Qué escapa ya al maremoto de las marcas? Gafas, relojes, marroquinería, joyas, material de oficina, equipos de deporte, productos alimentarios, teléfonos, muebles de diseño, todo entra ya en el reino de las marcas, sean nacionales o internacionales.

Y no es que la realidad de las marcas mundiales sea cosa de ahora: aparecieron con el despuntar mismo de la sociedad

---

1. Vacaciones cada vez más colonizadas por el consumismo: los turistas que van a Nueva York para ir de compras son dos veces más numerosos que los que viajan para visitar los museos. El primer sitio turístico de Canadá es el West Edmonton Mall.

de consumo, a fines del siglo XIX y principios del XX (Kodak, Singer...). Pero el fenómeno ha conocido un desarrollo sin precedentes en las últimas décadas del milenio pasado, a causa de la creciente internacionalización de las empresas, Implantadas en los cinco continentes y tocando todos los sectores, estas marcas se multiplican y gozan de una notoriedad internacional que aumenta en razón de unos presupuestos y un marketing faraónicos. Algunas, desconocidas hace diez o veinte años, son hoy estrellas mundiales (Google, Nokia, iPhone...). En el momento de la cultura planetaria se publica ya regularmente la clasificación del valor de las cien principales marcas mundiales, mayoritariamente dominadas, como era de esperar, por las estadounidenses. La cultura-mundo es la cultura del triunfo de las marcas globales y de sus logotipos, universalmente conocidos.

Marcas que trabajan continuamente para construir su imagen y su legitimidad, para desarrollar su notoriedad y su promoción. Después de las marcas que no remitían más que a un único producto, vienen las políticas de ampliación jurisdiccional en todos los sentidos: Virgin es una marca de música, una cadena de establecimientos multimedia, un vodka, una compañía aérea de precios reducidos, un operador de telefonía móvil; Armani cede su nombre a hoteles, Porsche lo pone en relojes, encendedores, gafas, bolígrafos. Poderío de las marcas que se manifiesta, de otro modo, en el auge sin precedentes de las falsificaciones, ya de alcance planetario. Cuando el mundo está cubierto de logotipos e inundado de imágenes comerciales, las marcas se presentan como los nuevos grandes fetiches de la cultura-mundo.

Lo que el consumidor desea actualmente no es tanto un producto como una marca, con su estilo, su prestigio, su imaginario, su poder de ensoñación. Surge así una nueva fascinación por las marcas que no es prerrogativa de las minorías privilegiadas de Occidente, sino que afecta a todas las naciones, a todas las capas sociales, a todas las edades. Aunque observemos hoy una intensificación de la «sensibilidad al precio» y cierto desapego por las marcas, este último fenómeno es relativo y de geometría variable, pues los consumidores combinan con frecuencia creciente la compra de marcas y la compra indiferente a ellas. En la actualidad, incluso los más desfavorecidos conocen y desean tener las mejores marcas. Y mientras los jóvenes sueñan menos con modas que con marcas, vemos que ciertos padres estadounidenses llegan al extremo de bautizar a sus hijos con el nombre de una marca (Chanel, Armani, Porsche, L'Oréal). Los jóvenes actuales conocen infinitamente más nombres de marcas que nombres relacionados con la historia, la literatura o la religión. Marcas que son mucho más que etiquetas de productos, hasta el punto de ser el centro de innumerables foros y conversaciones reales o virtuales: objetos de deseo de los consumidores, las marcas son asimismo nuevas piezas constitutivas de la cultura cotidiana de todo el globo.

Si la cultura-mundo es una cultura de marcas, es también una cultura de estrellas o, como se dice últimamente, de famosos. Los famosos se multiplican, invaden las imágenes publicitarias, las revistas, los programas de televisión. Ningún dominio escapa ya al star-system ni al famoseo,[1] pues cada vez hay más marcas que llaman a las celebridades para asociarlas a su imagen. Se necesitan famosos para conseguir

---

1. El fenómeno afecta incluso a la esfera «seria» de lo político: hoy no para de crecer el número de personalidades mediáticas (modelos, misses, deportistas, periodistas) que aparecen en lugar destacado en las listas electorales de los partidos, con objeto de conseguir el voto de los electores-consumidores de convicciones oscilantes y poco firmes.

audiencia, para promover las ventas, para que resplandezca la imagen de una marca. Ya no consumimos sólo productos, películas, viajes, música, deportes, consumimos también la celebridad como forma de singularizar-personalizar el mundo comercial impersonal. Starmanía que no se puede separar de la necesidad de evadirse y soñar, pero tampoco de la de encontrar figuras conocidas en un mundo en transformación continua y acelerada. El hiperconsumidor desea lo Nuevo y la moda, pero desea igualmente puntos de referencia y asideros: los «famosos» tienen la virtud de responder simultáneamente a esta doble expectativa, combinando estas dimensiones contradictorias.

Cuanto menos estructuran los comportamientos las culturas de clase, menos capaces se muestran los productos de orientar por sí solos el consumo; cuanto menos se ven las fronteras que separan la derecha de la izquierda, más votan los electores «flotantes» a las personalidades y no los programas. La sociedad del «todo famosos» acaba por llenar el vacío que comporta la individuación extrema de nuestras sociedades y la balcanización de los referentes colectivos, la despolitización y la disolución de las tradiciones de clase. Las nuevas musas aportan fantasías y relatos personalizados (cotilleos y otras noticias) en un universo de banalización tecnificada.

Culturización de la mercancía

Si bien la experiencia cotidiana está remodelada por el consumo comercial, hay que añadir que, al mismo tiempo, el mundo económico, a través de las marcas comerciales, está cada vez más empapado de signos culturales. Cuanto más se impone la cultura como un universo económico cabal, más tiende éste a culturizarse: esto se ve sobre todo en el universo de las marcas, que no dejan de integrar en su oferta una dimensión cultural, la del estilo, la moda, el arte, la creatividad, los «valores», la narración, el sentido. La era hipermoderna es aquella en que lo cultural se difunde en el universo consumista de las marcas: ya no se produce sólo valor de uso, sino también valor estético y cultural, apelando al talento de diseñadores, grafistas, arquitectos de interiores, artistas plásticos, directores de cine, creadores de «ideas». Las grandes marcas encargan a los arquitectos estrella que firmen sus tiendas; los puntos de venta se reorganizan y cambian de cara para mejorar la imagen de las marcas; las etiquetas de lujo contratan a artistas de vanguardia para sus colecciones de accesorios; los más grandes directores de cine ruedan anuncios publicitarios; las tiendas de moda hacen exposiciones y tienden a parecerse a galerías de arte.

Por añadidura, muchas marcas construyen hoy su identidad a partir de anuncios basados en mensajes de sentido, de ética, de respeto al medio ambiente. El imaginario cultural ya no puede identificarse con un universo inmaterial, por encima del de la producción, dado que las marcas, para posicionarse y diferenciarse, integran sistemáticamente la dimensión estética y narrativa, ética y creativa. Toda gran marca de nuestros días quiere ser «cultural», es decir, universo de vida, aspecto, espíritu, conjunto de valores, relato, concepción del mundo. Sólo cuenta la historia narrada. Porque la nueva era cultural significa tanto comercialización de la cultura como culturización de la mercancía. Una cultura-mundo que camina hacia la hibridación de alta tecnología y moda, de lo comercial y lo estético, de las tendencias y las «raíces», del marketing y el sentido, de la gestión y la comunicación narrativa.

Al cargarse de dimensiones culturales, la producción

comercial se inclina estructuralmente hacia el universo de la moda, es decir, el universo de la renovación acelerada, la estetización y la seducción de las apariencias. Así como la cultura ya no es lo opuesto a la economía, tampoco está ya más allá de la moda, sino que la generaliza en los signos de lo cotidiano. La cultura-mundo señala el triunfo de la forma-moda transformando sin cesar nuestro entorno, infiltrándose en todos los dominios, jugando con los referentes, barajando los criterios, dando una dimensión lúdica a la relación con las cosas y con los sentidos. Con la cultura-mundo se pone en marcha la cosmetización hiperbólica de la cotidianidad comercializada: la cultura era el lugar de la altura y la profundidad, hela ahora al servicio de la ligereza frívola.

En este contexto, cultura ya no es sinónimo de «derroche», de «gasto» inútil, en tanto que funciona como uno de los medios para seducir a los neoconsumidores, que, hartos de los mercados de la trivialidad, andan al acecho de las diferencias. Consumidores asimismo en busca de una calidad de vida inseparable hoy día de las dimensiones estéticas, creativas, imaginarias. Cuando los productos se parecen y la competencia se intensifica, la cultura se impone como inversión económica, vehículo de diferenciación y singularización de productos y marcas, con objeto de vencer en los mercados del consumo.

El universalismo técnico

El capitalismo globalizado no construye únicamente la cultura-mundo: en el centro de ésta, modelándola e impulsándola, se encuentra el orden tecnocientífico, eso que Jacques Ellul llamaba «sistema técnico». Éste es el tercer gran dispositivo de la cultura mundo, al lado del mercado y el consumo.

La Técnica, esto es, la cultura de la eficacia generalizada e ilimitada, ha invadido ya todo el planeta, no sólo universalizando el uso de las máquinas, sino también llevando a todas las culturas un estilo de vida, un modo de pensar, una forma de organizar el trabajo, la producción, la educación. Ya no es posible otra orientación que la de la tecnificación exponencial, la utilización óptima de los medios, la espiral de la alta tecnología. El sistema-técnica creado por Occidente se impone en todo el mundo como un imperativo absoluto, el camino más sencillo para el desarrollo y la construcción del futuro.

Durante la primera modernidad, Occidente se impuso como centro único de la tecnociencia, proclamando su idoneidad para aportar al mundo sus luces y sus éxitos. Este capítulo de la historia se ha cerrado. En la era hipermoderna algunos países emergentes empiezan, aunque sea tímidamente, a competir con Occidente en el desarrollo de sectores punta como la informática, las biotecnologías, la industria farmacéutica. En el sector químico y el de las nanotecnologías, las publicaciones chinas son ya más numerosas que las de Estados Unidos. La posición de estas nuevas economías avanza también en los sectores de la electrónica, de la industria espacial y aeronáutica. Por el momento, lógicamente, los dominios que permiten la aparición de auténticas innovaciones siguen siendo todavía limitados: en materia de alta tecnología, Occidente dista mucho de ser destronado. Pero no es menos cierto que la cultura-mundo que despunta verá el fin del monopolio occidental de lo tecnocientífico.

Universalidad geográfica de la sociedad técnica que va de la mano de la universalidad de su campo de aplicación.

Pues la tecnificación se dirige a todos los aspectos de la vida; se apodera de todos los dominios que es capaz de modificar, como también se apodera de lo infinitamente grande y lo infinitamente pequeño. Funciona en la publicidad, el ocio, la información, la comunicación, pero también en la salud, en la sexualidad, en las conductas más cotidianas del cuerpo, pues éstas también están en vías de globalización. Ducharse, utilizar un champú o un dentífrico, marcar un número telefónico, pulsar el ratón del ordenador, llevar ropa interior, tomar la píldora: por mediación de la técnica vemos que se universalizan muchos gestos elementales del cuerpo.[1]

Para encontrar soluciones a los grandes problemas de la vida, la salud, el envejecimiento, la comunicación, en todas partes se recurre a la técnica. Y para remediar los desaguisados de la técnica desenfrenada, sigue siendo la técnica la que se moviliza para construir un ecodesarrollo sostenible. La Técnica no es ya una simple parte de la civilización, es la lógica organizadora de nuestras culturas y de todas las dimensiones de la vida, sea económica o social, cultural o individual. La Técnica es más que la técnica: entraña una forma de ser y de pensar que reestructura y reorienta todas las culturas del mundo. El universo de la Técnica va mucho más allá del de las máquinas: se presenta como el lenguaje universal de la eficacia y como el utillaje intelectual y cultural que posibilita el empleo de las técnicas. Universalismo técnico, idéntico en todos los lugares, que unifica los modos de obrar y de vivir, que moviliza los mismos símbolos, el mismo sistema de valores y normas, a saber, la eficacia ins-

---

1. Estos ejemplos al azar, que son otras tantas «técnicas globales del cuerpo», se analizan en Jean-François Bayart, *Le gouvernement du monde. Une critique politique de la globalisation,* Fayard, 2004, pp. 317-404.

trumental, la racionalidad operativa, la posibilidad de calcular todas las cosas, la utilización óptima de los medios al servicio de un fin.[1]

Pero aunque la Técnica constituye innegablemente una fuerza de unificación mundial, no tiene poder para desintegrar las diferencias de cultura ni para instalar las mismas instituciones políticas. Sea cual fuere la capacidad unificadora de la Técnica, las sociedades siguen siendo tributarias de su historia y de la cultura heredada. Nos equivocamos si creemos que el planeta tecnificado progresa inevitablemente hacia un modelo único: sobre un fondo de unificación se levantan multiplicidades políticas y culturales. Mientras la tecnificación produce objetos y signos estandarizados, las sociedades se fragmentan en pequeñas «comunidades» con sistemas de referencias distintos, los estilos de vida se pluralizan y se parcelan, los modelos de identificación se dispersan, las formas y planes de vida se diseminan, nuevas heterogeneidades dividen a los microgrupos y florece el culto a la diferencia y a las «raíces»: cuanto más se eclipsan las grandes autoridades institucionalizadas, más se fragmenta lo sociocultural y estalla en formas heteromorfas de vida que movilizan opciones, estéticas, criterios dispares. Y no perdamos de vista que a partir de la misma cultura-mundo pueden edificarse ideologías e instituciones políticas muy diferentes, aquí democracias pluralistas, allá sociedades autoritarias y antiliberales. La tecnificación planetaria del mundo no garantiza en absoluto el triunfo final de las democracias liberales.

1. Jacques Ellul, *Le système technicien,* Calmann-Lévy, 1977. Martin Heidegger, *Essais et conférences,* Gallimard, 1958. [Heidegger, «La pregunta por la técnica», en *Conferencias y artículos,* Ediciones del Serbal, Barcelona, 1994.]

Un mundo tecnificado cuyo hiperbolismo no deja de exponernos a riesgos mayores, a catástrofes globales: contaminación atmosférica, incógnitas de los OGM [organismos modificados genéticamente], residuos nucleares, calentamiento climático, epidemia de las vacas locas, agotamiento de la biodiversidad. Son riesgos que tienen eso de característico, que no conocen las fronteras nacionales. Así, con la cultura-mundo técnica se afirman la sensación de formar parte de un mundo interdependiente, la toma de conciencia de la globalidad de los peligros y una reflexividad cosmopolita.

De la degradación de la biosfera y de los riesgos mundiales generados por la combinación de la Técnica y el capitalismo surge asimismo un aspecto típico de la cultura-mundo que pasa por alto las compartimentaciones nacionales: los valores ecológicos y su imperativo de conservar, a largo plazo, la existencia de la humanidad en una Tierra habitable. De aquí los llamamientos, en todos los rincones del planeta, a promover un crecimiento verde, el desarrollo sostenible, nuevas fuentes de energía limpia, un ecoconsumo. Esta faceta de la cultura-mundo, a semejanza de la competencia en el capitalismo globalizado, no aparece como opción, sino como apremio, como reacción de supervivencia ante una realidad en buena medida incontrolable e involuntaria.[1] Jamás el orden tecnocomercial ha creado tantos riesgos extremos ni tantos sentimientos de impotencia ante nuestro destino; sin embargo, tampoco han sido nunca tan grandes las posibilidades de inventar un nuevo tipo de desarrollo, nuevos modos de producción y consumo.

El sistema técnico nutre tanto los temores como las es-

---

1. Ulrich Beck, *Qu'est-ce que le cosmopolitisme?*, Aubier, 2006, pp. 40-51. [*La mirada cosmopolita o la guerra es la paz,* Paidós, Barcelona, 2005.]

peranzas y las utopías. En nuestros días renace la esperanza de la salud perfecta, de la eterna juventud, de un ser humano con capacidades intelectuales y psicológicas «enriquecidas», gracias a la revolución de las biotecnologías, de la bioquímica, de las nanotecnologías, de la microelectrónica. Del progreso de la alta tecnología se espera más felicidad para los seres humanos: gracias a los «milagros» de la técnica no deja de aumentar la esperanza de vida, vivimos más tiempo y con más salud, los nacimientos se controlan, mejoran las condiciones materiales de la mayoría. Los sueños de los modernos asociados a las «maravillas» de la técnica no han desaparecido en absoluto, a pesar de los nuevos temores que ésta genera. Sin embargo, la felicidad no avanza al mismo paso. Consumimos tres veces más energía que en los años sesenta, pero está claro que no somos tres veces más felices. El poder adquisitivo de las clases medias francesas casi se ha duplicado en los últimos treinta años: ¿quién sostendrá que son el doble de felices? En cambio, se multiplican las ansiedades, las depresiones, las tentativas de suicidio,[1] las manifestaciones de la angustia de vivir. Es evidente que la sociedad técnica tiene más capacidad para reducir las grandes desgracias que para generar alegría de vivir.

Industrias culturales y poder mediático

Un cuarto polo construye la cultura-mundo, y no es otro que el desarrollo de la esfera de los medios de masas,

---

[1]. En los países occidentales, las depresiones declaradas se han multiplicado por siete en treinta años. En Francia, el porcentaje de jóvenes de dieciséis años que han intentado suicidarse al menos una vez llega al 11%.

de las industrias culturales y de Webmundo. En este sentido, la cultura-mundo señala la época del crecimiento exponencial del universo de la comunicación y la información, del entretenimiento y la mediatización que difunde por todo el planeta un flujo ininterrumpido de películas, músicas, teleseries, espectáculos deportivos. Y es porque el hipercapitalismo de consumo es un capitalismo cultural, un capitalismo en el que la cultura se impone como un dominio económico esencial. En el momento de la mundialización de las industrias de lo imaginario y del ciberespacio, la cultura ha dejado de ser un sector marginal y etéreo para convertirse en fuerza de producción, en una industria con todas las de la ley que, cada vez más, es motor de economías capitalistas y representa una parte importante del crecimiento económico y de los puestos de trabajo. La UNESCO estima la contribución de las industrias culturales en siete puntos del PIB mundial; el peso económico de este sector representa 1,3 billones de dólares y progresa rápidamente. En los países de la OCDE, el crecimiento de estas industrias se ha establecido, desde 2000, entre el 5% y el 20% anual. En Estados Unidos aportan el 5,2% del PIB y su peso en el comercio exterior, con un valor que supera los 60.000 millones de dólares, sobrepasa el de los sectores de la aeronáutica, la química, la agricultura, el automóvil o la defensa; ocupan el primer puesto en las exportaciones de ese mismo país. En el seno de la Unión Europea, el 4,6% del empleo total depende de este sector. Los intercambios internacionales de bienes culturales se multiplicaron casi por cuatro entre 1980 y 1998: este comercio pasó de 38.000 a 60.000 millones de dólares entre 1994 y 2002.

Una economía cultural caracterizada por algunas grandes lógicas. Mencionaré seis.

En primer lugar, un desarrollo oligopolístico y un desequilibrio de los flujos, con el dominio de una cantidad limitada de holdings de rango mundial que controlan la distribución de los productos culturales; entre el 75 y el 80% del mercado mundial de la música está controlado por cuatro grandes grupos; los quince primeros grupos audiovisuales acaparan cerca del 60% del mercado mundial de los programas; la producción de las siete principales productoras estadounidenses llena el 80% de las pantallas del mundo. El 70% de las grabaciones legales de música que se venden en el mundo está producido por dos grandes grupos; las cuatro principales casas discográficas de Francia se reparten el 80% del mercado. Casi todo el comercio mundial del libro impreso está en manos de trece países, siendo Estados Unidos y los países de Europa occidental los que controlan las dos terceras partes.

En segundo lugar, la cultura, metamorfoseada en sector comercial, funciona cada vez más como una inversión financiera que debe producir dividendos. Se ha enarbolado la bandera de la «excepción cultural», pero la lógica del mercado se extiende de manera irresistible por todas las ramas de la actividad. El hecho está ahí: ya no hay oposición estructural entre esfera cultural y esfera económica. La época acusa por todas partes el dominio de las lógicas financieras y comerciales.

En tercer lugar, vemos que se diluyen las fronteras que separan la cultura, la publicidad y los medios de masas. Mientras se disparan los gastos de promoción, los productos culturales se lanzan con los métodos del marketing a fin de seducir a los consumidores, atraer la atención de los medios, crear un «acontecimiento sonado». En todas partes avanzan a pasos agigantados la influencia de los medios en la cultura, las lógicas de lo espectacular y de la publicidad. Los vínculos que unen industrias culturales, publicidad y medios de masas no son cosa de hoy, pero la amplitud adquirida por el fenómeno indica que se ha traspasado un umbral: las películas se lanzan a partir de estudios de mercadotecnia, se producen canciones para el verano, se escriben libros por encargo. Ningún dominio escapa ya a la lógica del star-system: hipermediatización, sistema de premios literarios, Los 40 Principales. En este contexto pierden valor los mecanismos tradicionales de la legitimación cultural en beneficio del nuevo papel desempeñado por los medios de masas, que ejercen una influencia decisiva en la prioridad de los debates de ideas, en los éxitos, en los procesos de consagración de autores y obras. Pérdida de influencia de ciertas instancias de legitimación cultural, predominio de las lógicas comerciales, mediáticas y publicitarias, tal es el perfil de la evolución de la cultura-mundo.

En cuarto lugar, una carrera desenfrenada para renovar los productos, en la modalidad creciente de los productos culturales. En Estados Unidos, la cantidad de libros publicados ha aumentado en más del 50% en los diez últimos años: cada año se publican más 100.000 libros. El movimiento es idéntico en Francia: 64.000 títulos nuevos en 2008, frente a los 25.000 de 1980. Dinámica de proliferación que funciona igualmente en la industria del cine: en 2005 Hollywood produjo 699 películas, Francia 240, España 142. Japón y China producen todos los años unas 300 películas cada uno, la India 800. Los estudios franceses lanzan dos veces más películas que hace diez años. En razón de esta dinámica de superproducción, la cantidad de películas estrenadas en las salas francesas ha aumentado el 40% en diez años. La cultura-mundo se distingue por la espiral de la diversidad, la proliferación de las novedades, la hipertrofia de la oferta.

En quinto lugar, una concentración del éxito en una

cantidad muy reducida de títulos. Si en 2001 se proyectaron en Francia 506 largometrajes, 30 generaron el 50% de las recaudaciones y un centenar las cuatro quintas partes. Por poner otro ejemplo, en diciembre de 2006 cinco películas acaparaban el 70% de las pantallas. La cultura-mundo es una cultura de hits y nada hace pensar que los «nichos», de acuerdo con la teoría de la «larga cola» de Chris Anderson, vayan a tener un mercado tan importante como el de los grandes éxitos planetarios. De ahí la fisonomía paradójica de la cultura-mundo: por un lado, una individuación creciente de los consumos culturales, un aumento de la heterogeneidad de las prácticas y los gustos; por el otro, una lógica borreguil, un tropismo de masas hacia las mismas películas y los mismos libros.

En sexto lugar, la oferta a manos llenas, las exigencias de rentabilidad rápida, las poderosas máquinas de promoción han redundado en una reducción de la vida media de los productos culturales. Incluso el libro es ya un artículo de circulación ultrarrápida. En la actualidad, la tercera parte de las salas parisienses proyecta una nueva película cada semana. A mediados de los años cincuenta, las películas conseguían cerca del 50% de las recaudaciones en taquilla al cabo de tres meses de explotación; hoy, lo esencial de los resultados concluye en dos semanas si se trata de un fracaso y en seis o diez semanas cuando estamos ante un éxito. El tiempo breve de la moda se ha apoderado del ritmo de las obras del espíritu.

Del cine al Webmundo

La cultura-mundo de los medios de masas tiene ya una larga historia. En realidad, esta dinámica se puso en marcha a principios del siglo XX, en concreto con el cine. Éste encarriló la cultura-mundo al dirigirse a los públicos mayoritarios con producciones simples, comprensibles para todos, fuera cual fuese el país y la cultura. Con el cine comienza la primera fase de lo que es realmente una cultura-mundo moderna. Primero, porque las películas estadounidenses fueron rápidamente exportadas y vistas en todos los continentes. Luego, porque el lenguaje del cine era fácilmente comprensible por todos. Finalmente, porque el cine creó una figura nueva del espectáculo moderno, la estrella, que haría soñar al público de todo el planeta. El cine creó la forma prototípica de la cultura-mundo a través del star-system, la diversión espectacular, la renovación permanente de los productos, un lenguaje y un consumo de masas.

Esta dinámica pasó el testigo, en la segunda mitad del siglo XX, a la televisión, que impuso el reinado de la imagen directa, de la instantaneidad, del notición, de la insignificancia. Gracias a las imágenes en tiempo real, los individuos de todo el planeta acceden al mismo tiempo a la misma información. La televisión ha cambiado el mundo, el mundo político, la comunicación política, la publicidad, el ocio, el mundo de la cultura; ha convertido el mundo mismo en información, pues a través de las imágenes de la pantalla es como el mundo se presenta a las personas y como éstas lo conocen; de manera creciente, se tiene la impresión de que las cosas no existen de verdad a menos que aparezcan en televisión y las vean todos. Con la televisión se imponen la «aldea global» de McLuhan, el triunfo de la sociedad de la imagen y el *hombre pantalla* inaugurado por el cine.

Pero lo que tenemos ahora es una nueva etapa de la cultura-mundo: es contemporánea de la revolución digital y de la proliferación de las pantallas, de la convergencia de las nuevas tecnologías de la comunicación, de la Webmundo, ese hiperespacio que interconecta de manera inmediata a los individuos por encima de los continentes. La era del todo-pantalla no suministra sólo una cantidad ilimitada y continua de imágenes e información, sino que trae aparejada, con la Red y la Web 2.0, una comunicación interactiva, descentralizada, producida por los individuos mismos. No estamos ya en la era de los medios de masas con su comunicación unilateral, sino en el momento de las redes sociales en línea, de las plataformas relacionales, de los intercambios interpersonales, horizontales y comunitarios. Una cultura del *todos hacia todos* que permite a los individuos ser menos consumidores pasivos, compartir, discutir, participar más allá de las limitaciones del espacio-tiempo. Hay que acabar con el cliché del zombi desocializado, pegado al ordenador, aislado del mundo, que sólo vive en un entorno virtual. Aunque es innegable que existen estas adicciones, es mucho más realista decir que Internet favorece los encuentros fuera de línea; que permite a los individuos hablarse, contarse cosas, salir a la palestra. Incluso podría revelarse como instrumento que crea lazos de solidaridad entre creyentes dispersos por el mundo.

El individuo como cultura universalista

Debemos proponer la cultura del individuo como el quinto gran pivote de la cultura-mundo. Durante la segunda mitad del siglo xx, las estructuras sociales que funcionaban como frenos al empuje del individualismo (tradiciones, familia, Iglesia, grandes ideologías, partidos políticos...) perdieron su antigua autoridad en beneficio de la expansión social del principio de individualidad. La intensificación social de la ideología de los derechos humanos y la difusión de los valores hedonistas, la asfixiante oferta de consumo, informaciones e imágenes mediáticas se han combinado para acarrear la disolución de los marcos colectivos al mismo tiempo que una multiplicación de los modelos existenciales: de ahí la dinámica individualizadora que trastorna radicalmente las sociedades y las culturas autoritarias tradicionales, heredadas de la primera modernidad.

Al mismo tiempo, desde los años ochenta, en un contexto dominado por las políticas neoliberales, hemos visto el ascenso de un modelo económico y social basado en la competencia desbocada del mercado y en imperativos de rentabilidad inmediata. Aparece un hipercapitalismo en el que se imponen como referentes el éxito individual, la iniciativa privada, el dinero, la competencia, el ideal empresarial. Retroceso del Estado y de las normas autoritaristas, debilitación del sindicalismo, eclipse de las utopías: lo que domina es el individualismo del sujeto «triunfador» y «combativo» que incita a tener iniciativa, a que cada cual asuma sus responsabilidades, a reaccionar y movilizarse, a correr riesgos, a adaptarse sin cesar. Un hiperindividualismo competitivo que apela cada vez más a la autonomía, a la responsabilidad total de uno mismo.

Si la cultura-mundo comercial difunde por todas partes normas e imágenes comunes, también funciona como un poderoso instrumento de desterritorialización e individuación de las personas y los estilos de vida. Por un lado, los derechos humanos que consagran los principios de libertad individual y de igualdad no cesan de minar los dispositivos sociales que dificultan la libre disposición de uno mismo. Por el otro, los medios de masas, la televisión, el cine, la publicidad crean nuevos sueños, nutren expectativas de cambio, diversifican los modelos de identificación, difunden la legitimidad de las voluntades personales y el ideal de felicidad individual. A medida que se imponen en todo el planeta los medios de masas y las normas del consumo comercial, se despliega a gran escala una dinámica de autonomía objetiva, reforzada por la escolarización creciente de las poblaciones. A lo que hay que añadir, por último, el impacto mismo de los flujos migratorios, en la medida en que los trabajadores expatriados tienden a repatriar al país de origen cierta cantidad de normas y prácticas típicas de la modernidad individualista, sobre todo las prácticas anticonceptivas y los modelos occidentales de consumo.

Y es evidentemente una cultura-mundo que catapulta la individuación, en la medida en que esta dinámica progresa en todos los continentes, aunque no tenga la misma intensidad ni adopte las mismas formas. Actualmente, tanto en Rusia como en China se extienden la espiral del individualismo posesivo, el reinado del modelo empresarial, la pasión por la moda y el lujo. En la India, las nuevas clases medias disfrutan comprando en los supermercados, frecuentan institutos de belleza y salas de fiesta nocturnas, escuchan música internacional gracias al DVD; mientras la publicidad proclama consignas que rinden culto a los valores de la autorrealización, el fraude fiscal y la corrupción reinan por doquier. En todos los rincones del planeta, las parejas viven cada vez menos con sus padres y la cultura de los matrimonios concertados, que contraviene los principios de autoposesión y autorrealización, va perdiendo legitimidad. La poligamia se permite todavía en algunos países (un tercio de la población mundial), pero tiende a retroceder, sobre todo con el nivel de educación: algunos países musulmanes (Túnez, Turquía) ya la han prohibido y son muchas las asociaciones de mujeres en todo el mundo que luchan por su abolición.

Incluso en las sociedades reislamizadas está en auge la individuación, como lo indican las tasas de fertilidad que, en países como Irán o Túnez, son ya equivalentes a las de Francia.[1] Caída de la fecundidad[2] que refleja ejemplarmente la desestructuración de la tradición, la transformación de las relaciones de autoridad entre marido y mujer, el control de la natalidad que ejercen los particulares. Y si el fenómeno de las migraciones transfronterizas experimenta una evolución acelerada y afecta en la actualidad a todas las regiones del mundo –en todo el orbe hay casi 200 millones de emigrantes–, no es sólo a causa de la pobreza o las guerras, sino también porque los individuos quieren ser agentes de su futuro, dueños de su destino. Puesto que gracias a los medios conocen la posibilidad de vivir mejor en otra parte, se muestran menos resignados, se distancian de su país de origen y deciden cambiar de vida.[3] En la base de la emigración hipermoderna se encuentran, además de la miseria o la opresión, los deseos de valoración personal y de independencia, la búsqueda de «hazañas» necesarias para autorrealizarse, el gusto por el riesgo, un ideal de éxito material cargado de fantasías de coches vistosos, ropa de marca, productos de alta tecnología.[4] Por todas partes, con ritmos e intensidades variables, vemos aparecer la dinámica de la individuación,

---

1. Youssef Courbage y Emmanuel Todd, *Le rendez-vous des civilisations*, Seuil, 2007. [*Encuentro de civilizaciones*, Foca, Madrid, 2008.]
2. La fecundidad ha pasado en todo el mundo, en cincuenta años, de 5 hijos por mujer a 2,7, que es la tasa actual.
3. Catherine Wihtol de Wenden, *Atlas mondial des migrations*, Autrement, 2009. Una dinámica de individuación que, por lo demás, puede moldearse en los marcos tradicionales de la organización integral, pues las decisiones relativas a la emigración se toman frecuentemente en familia con el fin de mejorar su situación.
4. Eliane de Latour, «Héros du retour», *Critique internationale*, n.º 19, 2003.

la autonomización de la existencia individual, la búsqueda del bienestar personal y consumista. La individuación acelera la globalización y ésta intensifica la individuación. La relación actual con la religiosidad camina en la misma dirección. Ésta, en efecto, se experimenta como interioridad, como fe y opción personales. Se vuelve objeto de reflexión al margen de su antigua evidencia consuetudinaria, depende de la adhesión de los creyentes y ya no se basa en la pertenencia a un grupo ni en la ley ni en la sociedad. La dinámica de individuación que tiene lugar en Occidente está también en marcha en otras partes, en un mundo caracterizado por la destradicionalización y la desterritorialización de las religiones, la reapropiación individual de lo sagrado, las conversiones que se realizan en gran número por decisión personal. El evangelismo protestante se expande actualmente en China, en Brasil, en el mundo musulmán; el budismo se abre paso en Occidente; europeos e indios de Chiapas adoptan el islam; ugandeses, negros americanos y un grupo tribal tibetano-birmano abrazan el judaísmo. La cultura-mundo es la cultura del mercado mundial de lo religioso en el que los agentes individuales cambian de religión, eligen lo que les conviene en materia de fe. Incluso los neofundamentalismos dependen de una religión individual en el sentido de que ahora se basan en las convicciones personales y no en la evidencia social de lo religioso. Mientras retrocede el modelo tradicional de la religiosidad, se afirman, en todas las religiones, los fenómenos de apropiación individual de la fe.[1]

---

1. Sobre este particular, véanse Olivier Roy, *L'islam mondialisé*, Seuil, 2002, y, del mismo autor, *La sainte ignorance*, Seuil, 2008. [*El islam mundializado. Los musulmanes en la era de la globalización*, Bellaterra, Barcelona, 2003. *La santa ignorancia: el tiempo de la religión sin cultura*, Península, Barcelona, 2010.]

Desde Tocqueville sabemos que la democracia no significa sólo un régimen político, sino además una forma de Estado social. Lo mismo puede decirse de los derechos humanos, que son algo más que los fundamentos últimos del orden político democrático: son los principios que desestructuran la organización social tradicionalista y contribuyen en todas partes a construir una nueva socialidad, inventando una relación completamente nueva con la familia y la religión, con la época y con el conocimiento, con los géneros y con las etapas de la vida. Poco a poco se trastocan y reorganizan todas las instituciones sociales, ajustándose al principio de la libre posesión de uno mismo. De este modo, los derechos humanos coadyuvan a individuar los comportamientos y las aspiraciones de las personas, planetarizando el principio mismo de vida en sociedad. El mercado no es lo único que unifica el globo: los derechos humanos van en la misma dirección, aunque de un modo completamente distinto, convirtiendo la individualidad en el principio universal que organiza el vínculo de las personas con el orden social.

Dinámica del principio de individualidad que no impide en absoluto el de la vida comunitaria ni las búsquedas de la identidad. Aunque una tendencia de la cultura del individuo se identifica con el consumismo interiorizado, otra conduce a una nueva reivindicación de las comunidades de lengua, de religión, de cultura, como medio de conjurar la angustia identitaria generada por el proceso de desvinculación social. A medida que retroceden los sentimientos de pertenencia política de carácter universal, se afirma la necesidad de integrarse en comunidades particulares de tipo étnico, religioso o subnacional. Nueva reivindicación de entidades colectivas que no desmiente en absoluto la espiral de individuación en la medida en que, en la actualidad, son los individuos quienes se adhieren a ellas por voluntad propia y no por tradición, quienes restablecen sus «raíces», de acuerdo con actitudes personales, meditadas, revisables a voluntad.[1] El sentimiento comunitario actual no está en contradicción con la espiral individualizadora: es uno de sus aspectos paradójicos.

El horizonte planetario de los derechos humanos

Además, la sociedad del individuo no se limita a la consagración del agente que ha roto con su aislamiento, que se ha emancipado de sus antiguas filiaciones. La promoción del individuo concreto-social se prolonga en la del individuo de derecho, es decir, en la consagración contemporánea de los derechos humanos, elevados a principio de legitimidad universal y referencia ideal dominante del orden colectivo. Basados únicamente en la razón, afirmándose bajo el signo de una moral y una justicia universales, los derechos humanos no conocen fronteras: constituyen en este sentido un elemento fundamental de la cultura-mundo. Tanto en la vida social como en el derecho, hoy es el individuo quien se impone como sistema primordial de referencia, como foco central de sentido de la cultura-mundo, de su disposición universalista y humanista.

Hoy menos que nunca los derechos humanos pueden reducirse a derechos «formales», pues su papel sobrepasa con diferencia la clásica función de poner freno a la arbitrariedad del poder que antaño se les atribuía. En efecto, vemos cómo

---

1. En muchos casos, el velo islámico expresa menos una lógica fundamentalista que una afirmación personal, la apropiación individual de un símbolo tradicional.

dan lugar a políticas que atentan contra el sistema internacional estructurado por la soberanía de los Estados. Los derechos humanos fundamentan en la actualidad el principio de injerencia humanitaria que consiste en socorrer a los heridos y víctimas de países extranjeros. Están asimismo en la raíz de las nuevas entidades de justicia penal internacional que responden a la voluntad de hacer prevalecer los principios morales sobre los gobiernos soberanos, de establecer una justicia a escala planetaria, capaz de juzgar los crímenes contra la humanidad, los genocidios y los crímenes de guerra. Al borrar las fronteras entre el derecho y la moral, el nuevo régimen de los derechos humanos instituye una especie de orden moral mundial, aunque el derecho de injerencia se ejerza en realidad de manera muy selectiva, poniendo en el punto de mira únicamente a criminales de países «pequeños» y cuyos actos despiertan una fuerte indignación en la opinión occidental.

Por fin, en nombre de la moral universal, los Estados extranjeros pueden intervenir en la política interior de otros países y declarar guerras con objeto de promover la democracia y la libertad de los pueblos, lo cual conduce a legitimar la guerra hipermoderna en tanto que «guerra humanitaria» o «humanismo militar». Aquí, sin embargo, no pueden pasarse por alto las sospechas que circulan en relación con esas operaciones que en principio apuntan a todos los países, pero que en realidad sólo se dirigen contra unos cuantos: podemos hacer la guerra en Irak o en la antigua Yugoslavia, pero ni por asomo en China o en Rusia. En tales circunstancias resulta inevitable pensar que este cosmopolitismo funciona como una instrumentalización de los derechos humanos con fines nacionales hegemónicos. Parecen estar menos al servicio de la moral que al de la política, menos al servicio de una justicia universal que al de intereses nacionales estratégicos. Se ha dicho que la política de los derechos humanos generaba la impotencia de la política en las democracias: no hay más remedio que señalar que también pueden contribuir a reforzar políticas voluntaristas e intervencionistas, a legitimar políticas de poder que expresan menos los valores del mundo liberal que una lógica imperial. Así, invocando el papel de Estados Unidos, autores como Robert Kagan o Robert Cooper han podido recomendar la necesidad de un nuevo «imperialismo liberal» y «benévolo» cuya misión sea, mediante «guerras preventivas» y otras prácticas intervencionistas, implantar en todo el mundo los principios de la civilización liberal.

Naturalmente, no todas las regiones del mundo han erigido los derechos humanos en norma reguladora del Estado y de la acción colectiva. No sólo las democracias antiliberales violan sin pudor estos principios, sino que además algunos ideólogos y gobernantes del Sur cuestionan actualmente el universalismo de la Ilustración en nombre de la diversidad de las culturas, de los valores «auténticamente» asiáticos, indianistas, islámicos o africanistas. Por doquier se estigmatiza el colonialismo ideológico de Europa y Estados Unidos, su pretensión de exportar la democracia y los derechos humanos por todo el globo. Se extiende la idea de que la universalidad incondicional del Hombre y sus derechos absolutos es en realidad una construcción eurocéntrica, un concepto cultural deudor de una historia particular, una concepción etnocéntrica de la persona y la sociedad, una norma específicamente judeocristiana del derecho.

Así, en 1981 se adoptó la «Carta africana de los derechos del hombre y de los pueblos», que afirma la necesidad de tener en cuenta las tradiciones históricas y los valores de la civilización africana. Ciertos países musulmanes luchan igualmente por una concepción diferencialista de los derechos humanos, que no se basa en principios universalistas y laicos, sino en «los valores espirituales, morales y socioeconómicos del islam». En este contexto, son los valores islámicos los que prevalecen sobre los demás valores: la «Declaración de El Cairo sobre los derechos humanos en el Islam» (1990) consagra así la supremacía de la ley islámica, «única fuente de referencia», sobre cualquier otra ley (comprendidas las resoluciones de la ONU) en los Estados islámicos.

Algunos países interpretan los llamamientos a respetar los derechos humanos como una forma de imperialismo, una ideología cuyo fin es justificar la intromisión occidental en los asuntos internos de Estados soberanos, de legitimar sus operaciones militares y sus guerras de agresión. Identificados con la dominación occidental, con la imposición arrogante de valores con pretensión universal, los derechos de la persona son negados y rechazados de diferentes formas en nombre del respeto a la especificidad cultural y religiosa de los pueblos.[1] Y quienes denuncian los atentados contra los derechos humanos son ahora acusados de blasfemia, de sacrilegio, de difamar las religiones y, más recientemente, de islamofobia. Durante la primera globalización, muchas élites dirigentes se asignaron como misión suprema la modernización de su país, alcanzar a Occidente importando sus principios, combatiendo las tradiciones arcaicas y los oscurantismos religiosos. Ya no es así: conforme se difunde la cultura-mundo, se extienden el antioccidentalismo y el cues-

---

1. ¿Cómo no darse cuenta de que estos anatemas contra el universalismo son utilizados por los Estados para legitimar su modo de gobierno antidemocrático, mantenerse en el poder, amordazar a la oposición, poner trabas a la emancipación de las mujeres?

tionamiento de la universalidad de la razón moral y política.

¿Están pues llamados los derechos del individuo a conocer límites definitivos a su movimiento de expansión mundial? Es muy improbable. Es verdad que la consagración de los derechos humanos no es la misma en toda la superficie del planeta, pero ¿cómo dudar de que su progreso continuará cuando el individuo de derecho se impone como principio de legitimidad indiscutible en las sociedades modernas? ¿Qué podría detener, en las condiciones actuales, la expansión planetaria del principio de individualidad cuando la educación, la ciencia, las técnicas, la innovación permanente, la información, el bienestar no dejan de hacer retroceder la influencia de los modelos heterónomos de la vida en sociedad en beneficio de una reflexividad generalizada, de una autonomización de la vida social e individual y, por lo tanto, del modelo del individuo libre e igual? Puesto que los procesos de modernización e individuación tienden inevitablemente a destradicionalizar la sociedad y a las personas, los derechos individuales adquieren una fuerza legitimadora sin parangón y tienden a convertirse en el sistema referencial central de la vida en sociedad. En todas las regiones del mundo, sean cuales fueren, las dictaduras se combaten en nombre de valores universalistas, en todas partes se constituyen grupos de defensa de los derechos humanos que luchan por la democracia y las libertades individuales. Las sociedades que, de manera creciente, estarán dominadas por la individuación de las condiciones de vida no podrán volver la espalda eternamente al reconocimiento del individuo de derecho. Por lo cual, aunque la civilización occidental sea una cultura más entre otras, fuerza es reconocer que no es únicamente una cultura particular: algo hay en ella que la desborda, hasta tal punto están sus principios básicos dotados de validez universal con vocación de difundirse por todo el globo.

Sin embargo, si la cultura de los derechos individuales tiene todas las probabilidades de extenderse a todo el planeta, nada nos dice que vaya a ser la última palabra de la historia. Marcel Gauchet subraya acertadamente que no hay más que dos principios de legitimidad capaces de fundar la vida en sociedad: una fuente de derecho situada más allá de la esfera humana (las tradiciones, lo sagrado, lo divino) y una fuente inherente a ella.[1] Pero habría que añadir que en este último caso el sistema de legitimidad no es necesariamente el de los derechos originales adscritos a los individuos, ya que puede ser el de la primacía de la colectividad misma, su unidad, sus intereses vitales y estratégicos, su seguridad, su poder. Una fuerte tendencia, sin duda irresistible, empuja, en las sociedades liberadas de la influencia institucional de la religión, a reconocer la primacía de los derechos personales. Pero hay otra que puede, en tal o cual ocasión, en tal o cual circunstancia, hacer valer la dimensión «integral» de la sociedad o, dicho de otro modo, la necesaria sumisión de las partes individuales al todo social. Por las razones mencionadas más arriba, la línea de mayor fuerza histórica, la más probable, es la que hará triunfar los derechos humanos. Pero probabilidad no significa necesidad inevitable: no podemos excluir de ningún modo una inversión de la tendencia.

Si somos capaces de impedir la declaración de grandes guerras devastadoras y de evitar grandes catástrofes económicas o ecológicas, podemos llegar razonablemente a la conclusión de que el reinado liberal de los derechos del

---

1. Marcel Gauchet, *La condition politique*, Gallimard, 2005, pp. 485-486.

individuo acabará por conquistar el mundo. En caso contrario, nada impedirá que volvamos, bajo formas nuevas, a la subordinación de los derechos individuales al orden colectivo. Esta última lógica pudo prevalecer durante la primera modernidad (nacionalismos triunfantes, totalitarismos): nada nos dice que no reaparecerá, dado que puede enarbolar ideales totalmente intramundanos: la seguridad y el bienestar colectivos, los imperativos del futuro, etc. Por último, incluso en el caso de que los derechos individuales sean reconocidos de manera oficial, el sistema político puede perfectamente pasarlos por alto en la práctica a fin de mantener su dominio. En este sentido, el futuro es abierto e inseguro, pues siempre es posible que el funcionamiento político real de las sociedades vaya contra los valores humanistas que tanto se reivindican. Nada es definitivo: la historia tiene razones que la razón desconoce.

Fuerza creciente del proceso de individuación que nos lleva a refutar la tesis del choque de civilizaciones que defiende Samuel Huntington. Nada de heterogeneidad radical de las culturas, por encerradas que estén en sus esencias irreductibles, homogéneas e inamovibles. La verdad es que las culturas del mundo no dejan de transformarse siguiendo líneas paralelas, si no convergentes, no dejan de remodelarse en virtud de los principios-fuerza de la modernidad y la hipermodernidad. Detrás de las diferencias de las civilizaciones hay en funcionamiento tendencias semejantes de mucho peso, precisamente las de la cultura-mundo, pues ya ninguna civilización es ajena a la dinámica del individuo y de sus aspiraciones. Un proceso de individuación que, sin exceptuar ya ningún rincón del planeta, disuelve de manera creciente la alteridad de las culturas en beneficio de la modernización cultural universal. Lo que está en marcha no es un planeta dividido en civilizaciones cerradas las unas a las otras, sino una mundialización de la cultura de la individualidad, de su autonomía y sus derechos.

Decir que la individuación es una dinámica ineluctable no significa que vaya a organizar una humanidad homogénea con individuos de comportamientos y gustos idénticos, separados de toda base colectiva. Las formas de vivir, sentir, pensar arraigan siempre en una cultura concreta, en un conjunto de hábitos y costumbres heredados del pasado: ¿cómo podrían los individuos, por destradicionalizados, autónomos y soberanos que sean, desprenderse del rasgo que los ha constituido? No puede hacerse tabla rasa en este ámbito: el régimen de los derechos humanos y la difusión planetaria de las marcas comerciales no tienen capacidad para crear individuos sin vínculos culturales que vivan en una especie de ingravidez absoluta. Ni el individualismo ni el consumismo planetarizados pondrán fin a los particularismos culturales, al pluralismo de los estilos de vida, modelados siempre, unas veces más, otras menos, por la historia de los pueblos.

Alta cultura y cultura-mundo

Tal es pues, a grandes rasgos, el retrato de la cultura-mundo. Una cultura que, nadie lo ignora, es objeto de numerosas críticas de diferentes órdenes. Dentro de los límites de este análisis, yo recordaría las dos principales.

La primera se refiere a la condición y el futuro de la cultura literaria e intelectual ante el maremoto de la cultura-mundo. Difícilmente puede negarse, en efecto, que ésta ha conseguido transformar en profundidad el lugar simbólico de la alta cultura y minar el inmenso prestigio de que gozaba antaño. Por resumir en pocas palabras la evolución que ha seguido, nuestra época asiste a un proceso de depreciación y descalificación de lo que Paul Valéry llamaba «valor espíritu». La vida intelectual ya no significa emancipación del individuo ni nobleza de espíritu: últimamente se asocia a «comerse el coco», pues calificar a una persona de «intelectual» tiene algo de peyorativo. Las ventas de libros de ciencias humanas no dejan de bajar y hoy tienen una media de varios centenares de ejemplares por título; y los títulos se han dividido por dos o por tres en cosa de treinta años. Ya no hay maestros del pensamiento ni grandes corrientes filosóficas con valor iniciático. Las grandes concepciones del espíritu han perdido su poder de fascinación, su fuerza de atracción liberadora. Salta a la vista que el aura de la alta cultura se ha degradado, que la magia que poseía se ha desvanecido y que hoy pierde gradualmente su capacidad de hacer soñar, de despertar grandes pasiones y arrebatos de entusiasmo. La época hipermoderna es la época del retroceso o de la reducción de la posición destacada que tenía la alta cultura: el «valor espíritu» ha sido reemplazado por la diversión, el deporte, el entretenimiento de los medios y los viajes, la velocidad de la información. Dinámica de desencanto que tiene en la cultura-mundo –la de la imagen, el cuerpo, el consumismo– su origen casi directo.

El proceso de desacralización no afecta sólo a la esfera literaria. No es ya en la novela ni en el teatro donde los jóvenes encuentran sus modelos, sino en el cine, en las ficciones audiovisuales, los estadios, el show-business: en gran medida, la imagen y la música han ocupado el lugar central que ocupaba antaño la literatura. La cultura del verbo ha cedido el paso al culto de la pantalla: el tiempo dedicado a la televisión y a la música sobrepasa con diferencia al destinado a la lectura. Actualmente, la lectura no es ya la actividad preferida de ninguna categoría de jóvenes, los programas culturales de la televisión se relegan a altas horas de la noche y los presentadores gozan de más popularidad que los autores. El tiempo de la cultura-mundo se caracteriza por la caída de la deseabilidad y la autoridad simbólica de la «gran» cultura.

¿Sigue la relación con las artes el mismo movimiento devaluador? En absoluto. Para convencerse basta con observar el éxito de masas que conocen las grandes exposiciones. ¿Quién se sumerge hoy en Píndaro o en Dante? En cambio, los visitantes de los templos de Atenas y de los museos de Florencia se cuentan por millones. Ya no se leen los poemas de los siglos pasados, pero la ópera tiene todavía un público entusiasta.[1] Pero esto no significa que nuestra relación con las obras artísticas se haya mantenido intacta. Las obras ya no se contemplan con veneración, recogidamente y en silencio, sino que se consumen, se engullen en medio del guirigay de las muchedumbres de turistas apretujados: el tiempo medio que pasa un turista mirando una obra expuesta en un museo o en una galería es de seis segundos; la cuarta parte de las obras no llama la atención más que durante un segundo; la décima parte sólo despierta cuatro segundos de interés. Es evidente que la relación con el arte ha caído también en la órbita del hiperconsumo turístico, cuyo fin es el entretenimiento y la ocupación del tiempo libre. Del arte no se espera ya ninguna elevación del alma, sino una recreación inmediata y fácil, estímulos hedonistas renovados sin cesar.

Dentro de este contexto se han lanzado violentas filípicas contra el relativismo cultural que suprime todas las jerarquías, que ennoblece las figuras del pop –la Universidad

---

1. El Metropolitan Opera House de Nueva York tiene un aforo medio del 88%.

de Liverpool acaba de fundar una especialidad titulada «Los Beatles, música popular y sociedad»–, que pone en el mismo plano a Shakespeare y a Stephenie Meyer, a Bach y a Eminem, un grabado de Durero y un grafito. Como todo es cultural, todo vale: esta lamentación se ve en numerosos autores. Pero ¿tiene fundamento? Lo dudo. Porque el hecho está ahí: son pocos los que consideran «iguales» las obras maestras consagradas por la Historia y los productos actuales de la industria cultural. En realidad, todavía tenemos en un pedestal a los grandes maestros, pero deploramos la suerte que correrá la creación bajo la férula mediático-comercial. El tiempo que pasa el público «contemplando» obras artísticas ya es un indicio de que no hay tal igualación: cuanto más actuales son las obras menos tiempo pasamos delante de ellas. Obras indiscutibles, de genios que todavía se consideran los más altos y separados por un abismo de los productos-moda destinados al consumo cultural cotidiano, tal es el sentimiento que comparte la mayoría del público hipermoderno.

En realidad, no son los valores los que se igualan, sino los comportamientos culturales. Los grandes autores del pasado siguen honrándose, pero ya no se leen, ya no alimentan la vida del espíritu. Apreciamos las grandes obras, pero ya no suscitan ningún comportamiento concreto, pues por doquier reina la facilidad, la inmediatez consumista. Éste es el rasgo que caracteriza la época: aunque la alta cultura no ha sido destronada en absoluto, no suscita la misma actitud relajada que la que rige en el consumo de los productos más corrientes. Triunfo del código del entretenimiento turístico-hedonista, triunfo de la cultura-mundo incluso en la esfera que no es la suya.

En el momento de la cultura planetaria, los apetitos estéticos de la mayoría se acentúan y se democratizan a través del turismo cultural, la frecuentación de museos, el gusto por el patrimonio histórico-artístico, por los paisajes, por la audición musical. Pero mientras las masas turísticas van de una punta a otra del planeta para descubrir las obras maestras de la humanidad, su propia cultura se vuelve extraña, misteriosa, opaca, puesto que el culto al presente de la cultura-mundo ha conseguido disolver los marcos milenarios de nuestro arraigo cultural. En la actualidad, y dada la fuerte descristianización de Europa, ¿qué entendemos cuando vemos frescos románicos, catedrales góticas, pinturas religiosas del Renacimiento? Cuanto más admiramos las obras del mundo (desde las pinturas prehistóricas hasta los santuarios budistas, pasando por las pirámides de Egipto y las ruinas mayas), más ininteligible se vuelve nuestra herencia cultural, en particular la religiosa. Podemos contemplar todas las estéticas del pasado, pero ninguna tiene ya realmente sentido: sólo queda el placer turístico del hiperconsumidor «sin pasado», ajeno a su propia historia, aficionado a las emociones pasajeras, a todo y a nada. Lo vemos todo, ya no entendemos casi nada, ni siquiera lo que nos ha forjado: así se despliega a gran escala un consumo estético de masas «desculturizado». La cultura-mundo democratiza el acceso a las obras de arte al mismo tiempo que despoja a los individuos de los referentes relativos a su propio pasado cultural.

No son sólo los individuos los expropiados de su cultura, es la misma gran cultura la que, poco a poco, se encuentra desustanciada, metamorfoseada como está en un juego sofisticado del espíritu, en una esfera sin efecto real, sin veneración, sin dedicación importante. Ya nadie quiere morir, al menos en Occidente, ni por los dioses ni por ideas: lo importante está en otra parte. Hablando de la obra de arte, decía Hegel que había dejado de ser «la manifestación íntima de lo absoluto». Lo mismo puede decirse hoy de la vida cultural en general, que se ha vuelto algo secundario, desabsolutizado, nueva especie oximorónica de accesorio serio, frivolidad esencial. Y esto en el momento mismo en que proliferan los museos, en que se libran grandes batallas por la digitalización de la biblioteca mundial, en que las ventas de obras artísticas alcanzan cotas sin precedentes.

¿Hacia un mundo uniforme?

La segunda gran crítica de la cultura-mundo en la que me gustaría detenerme se refiere al problema de la cosmopolitización actual y los riesgos de uniformización planetaria que comporta. En efecto, son muchas las voces que se levantan contra un universo en el que los consumidores del mundo entero se comunican con los mismos teléfonos, compran las mismas marcas, comen las mismas hamburguesas, oyen la misma clase de música, ven las mismas películas y los mismos mensajes publicitarios radiantes de felicidad. Casi todo de procedencia estadounidense. Recordemos que el 85% de las localidades que se venden en el mundo son para ver películas de Hollywood, que el 50% de las ficciones televisadas que emiten las cadenas europeas viene de Estados Unidos y que, en lo referente a los programas de la televisión europea, una hora de cada tres es americana. La cultura-mundo se suele denunciar, pues, como el reinado de productos, consumidores y culturas homogeneizados globalmente bajo el régimen neototalitario de la «cocacolonización», el McWorld y la disneyzación.[1]

---

1. Benjamin R. Barber, *Djihad versus McWorld*, Desclée de Brouwer, 1996. Asimismo, George Ritzer, *The McDonaldization of Society*, Pine Forge Press, Thousand Oaks (California), 1996. [Ritzer, *La McDonaldización de la sociedad*, Popular, Madrid, 2006.]

Es desde luego innegable que las grandes marcas se compran en todos los rincones del planeta y que las muntinacionales de la cultura inundan el mercado mundial con sus productos. Pero no es menos cierto que, paralelamente a este proceso de uniformización, está en movimiento una lógica de diversificación y de heterogeneización que se observa tanto en las producciones como en el consumo y en las actitudes individuales. Jamás se han producido y difundido tantas clases de música, películas, libros, imágenes, estilos de todo tipo; jamás han podido degustarse tantos productos culinarios de todo el mundo. No es exacto decir que la cultura-mundo genere comportamientos idénticos en todo el planeta; estamos en el momento de la superoferta globalizada, que contribuye a desestandarizar las prácticas y los gustos de los individuos, cuyos comportamientos son cada días más dispares, más heterogéneos y eclécticos, más multiculturales e híbridos. El individuo hipermoderno dispone de un abanico de ofertas que crece sin cesar: utiliza productos de alta tecnología, pero también puede recurrir a las medicinas tradicionales, puede oír rap y dedicarse a la astrología, hacer footing con el iPod pegado a los oídos y practicar yoga, calzar unas Nike, pero también ponerse una túnica africana, consumir ketchup y ser aficionado a los masajes chinos, al tarot o a la meditación zen. Todo coexiste de manera abigarrada en un inmenso mosaico deslumbrante y fragmentario de productos y prácticas, de culturas y herencias históricas diferentes.

Hay que tachar de falsa la idea de que la cultura-mundo es una fábrica que produce cada vez más uniformidad, que aniquila las diferencias en beneficio de lo Uno globalizado, que no promete más que una diversidad de pacotilla, una diversidad cada vez más idéntica a sí misma. Es innegable que lo que separa a las sociedades se difumina, pero también que aumenta la diferenciación de los individuos y de los estilos de vida en el seno de las mismas sociedades. La marcha hacia la uniformidad transfronteriza no ha dejado atrás la diversidad creciente de las costumbres, los sujetos y los gustos: la dictadura de lo Mismo global y la espiral de las diferenciaciones subjetivas van de la mano. La idea de que la «cantidad mundial de diferencias» va cuesta abajo no expresa más que una de las caras de la realidad: la cultura-mundo no nos empuja hacia la indiferenciación más que exacerbando el principio plural de las variaciones individuales, la personalización-heterogeneización de los comportamientos, las formas de vivir y de sentir.

Aunque la época hipermoderna ve cómo se propaga una cultura transnacional que se consume en todo el globo, eso no debe impedirnos reconocer los límites, las resistencias, los topes con que tropieza. Sea cual fuere el poder de los objetos y signos mundializados, las sociedades, los comportamientos, las formas de ser, de sentir y consumir de los individuos siguen estando moldeados, mucho o poco, por su historia, su lengua, su cultura. Es una ingenuidad creer que los flujos transnacionales puedan llegar a poner fin a las diferencias culturales, a la fuerza de las «raíces» nacionales y particularistas. Las culturas se aproximan, pierden heterogeneidad: sin embargo, las afirmaciones identitarias siguen avanzando viento en popa. Lo que está en marcha no es una unificación cultural mundial, sino versiones múltiples de una misma cultura-mundo que se basa en el capitalismo y la tecnociencia, en el individualismo y el consumismo.

Los fenómenos que determinan los límites de la cultura-mundo son numerosos. Empezando por la persistencia del particularismo de las naciones. El planeta que se unifica es el mismo que ve cómo se multiplican los micronacionalismos separatistas y los nuevos estados: si en 1945 eran 51, en 2008 había ya 192. Salta a la vista que el impulso social de la cultura globalizada no ha conseguido deslegitimar la idea de nación y su valor. Además, es probable que esta tendencia esté llamada a aumentar, en la medida en que las fuerzas transnacionales suscitan por reacción la valoración de la diferencia y la identidad nacional, el apego al territorio y a la memoria como forma de autoafirmación. La cultura-mundo no anuncia en modo alguno la era de lo posnacional, sino la fragmentación geopolítica en una miríada de estados, así como la emergencia de nuevas grandes potencias políticas (China, India, Rusia, Brasil). Avance de la cultura-mundo y reafirmación de los particularismos nacionales son inseparables.

El otro gran fenómeno que ilustra los límites de la cultura-mundo es eso que solemos llamar, no sin ambigüedades, «retorno de lo religioso». La cultura-mundo será lo que sea, pero no es generadora de un materialismo generalizado, toda vez que remoza la espiritualidad en respuesta a las enfermedades de una época estructuralmente desorientada y ansiógena. Puede que veamos las mismas películas, pero la diversidad de creencias y dogmas perdura. Sin duda aparecen convergencias: desterritorialización y desinstitucionalización de las religiones, proliferación de imitaciones, nomadismo espiritual, individuación de las creencias. El budismo lleva hoy la huella del protestantismo, y el cristianismo tiende a incorporar técnicas orientales de meditación. En la época de la cultura-mundo un árabe ya no es necesariamente musulmán ni un italiano católico. Son ciertamente fenómenos nuevos, pero que no eliminan las diferencias teológicas ni la revitalización de las diversas herencias religiosas:[1] las formas de religiosidad pueden

---

1. Danièle Hervieu-Léger, *La réligion pour mémoire*, Cerf, 1993. [*La religión, hilo de memoria*, Herder, Barcelona, 2005.]

aproximarse, lo que identifica las religiones sigue diferenciándolas.

La lengua señala también los límites de la cultura planetaria. Según los lingüistas, hoy se hablan en el mundo cerca de 7.000 lenguas, 2.500 de las cuales están amenazadas. Algunos expertos vaticinan que durante el siglo en curso desaparecerá entre el 50 y el 90% de las lenguas. Pero esto no significa que vayamos hacia la unificación mundial de los idiomas. Podemos llevar los mismos tejanos en todos los continentes y oír los mismos CD, pero queremos hablar en nuestra lengua materna. Claro que vemos aparecer fenómenos como el *hinglish,* una mezcla de hindi e inglés, pero esta hibridación lingüística apenas rebasa los límites de la publicidad, el cine de los últimos quince años, los medios *cool* de las grandes metrópolis indias. Aunque el *global english* tiene tendencia a imponerse como lengua internacional, no es el inglés lo que amenaza realmente la diversidad lingüística, sino las lenguas regionales que crecen en detrimento de las lenguas «minoritarias»: por ejemplo, lo que pone en peligro las docenas de idiomas que se hablan en Tanzania es el swahili. Y aquí no hay nada predeterminado: como las lenguas son entidades vivas, unas mueren, otras nacen o se refuerzan, según se ve en ciertas regiones del globo (Cataluña, País Vasco). Muchas lenguas desaparecerán, pero los centenares o millares de «grandes» lenguas que permanecerán en el mundo serán objeto de una fuerte inversión en tanto que vehículos identitarios de grupos e individuos deseosos de valorar su diferencia.

Y lo mismo si hablamos de cocina. Pizza Hut y McDonald's sirven sus productos en todos los rincones del planeta, pero está de moda la cocina «fusión», que mezcla platos y sabores de diferentes regiones del mundo. Y las nuevas formas de alimentarse, más ricas en calorías, producen en Asia, en América Latina, en África, un creciente índice de obesidad que hasta hace poco era privativo de los países desarrollados, de Estados Unidos en primer lugar.[1] Pero estas innegables convergencias no deben hacernos perder de vista que continúan consumiéndose platos «nacionales» muy concretos, según el país: la alimentación china sigue siendo china, como la de Italia sigue siendo italiana y es perfectamente reconocible. En Europa crece el interés por las cocinas del país y las tradiciones culinarias locales. Las costumbres alimentarias, los gustos, las recetas y los productos que se venden en los supermercados de cada país no se han equiparado en absoluto. El fenómeno es tan patente que uno de los grandes símbolos de la globalización, McDonald's, ha acabado comercializando sus menúes adaptándolos a las costumbres y a los gustos locales. La unificación gastronómica mundial es sólo un espejismo.

De forma más general, los productos que implican una dimensión estética son los que más acusan la influencia de los particularismos culturales. En China, las mismas mujeres que se visten con marcas europeas se ponen el *qipao* tradicional cuando van a fiestas, bodas, recepciones oficiales. La India se ha apropiado del cine, un invento europeo, pero adaptándolo a su imaginario, a sus mitos, a su cultura milenaria; en sus pantallas vemos actrices y modelos sexys y cosmopolitas con saris modernizados; el *bindi* tradicional que se lleva en la frente sigue estando en uso, pero transformado en accesorio de moda. Los hindúes prefieren las películas de Bollywood a las de Hollywood: el año que se estrenó *Titanic,* las recaudaciones de las películas americanas que se proyectaban en la India no supusieron más que el 4% del

---

1. El sobrepeso afecta ya a casi la cuarta parte de la población china.

mercado. Todo el país estaba pendiente de la adaptación televisiva del *Ramayana* y el *Mahábharata:* cerca del 80% de la población seguía cada domingo los episodios de la adaptación «mitoelectrónica» de su historia milenaria.[1]

En Francia, el éxito de *Bienvenue chez les Ch'tis,* centrada en lo local, casi igualó al de *Titanic.* En Brasil, los culebrones autóctonos tienen una recepción considerable y la producción musical nacional domina el 90% del mercado local. La versión hip-hop que domina la música coreana (que se rebela contra la rigidez de la sociedad local) está muy lejos del *gangsta rap* americano: las ventas relacionadas con estos grupos musicales locales representan el 70% del total. Aunque es verdad que las industrias culturales estadounidenses dominan el mercado mundial, eso no significa que todas las culturas vayan hacia la americanización. Es inevitable advertir que las lenguas, la literatura, las religiones, la historia, las tradiciones artísticas siguen recreando la diferencia cultural, la «indigenización», tanto en las producciones como en las formas de ver, comportarse y sentir.

Dentro de este marco se multiplican las formas de expresión cultural híbridas que mezclan las diferentes culturas del mundo. Lo demuestra el auge de una *world music* que fusiona ritmos modernos y ritmos tradicionales, instrumentos eléctricos e instrumentos antiguos, que mezcla ritmos de orígenes diversos, que lleva a cabo una hibridación de jazz y samba, de raï argelino y blues, música india y rap, flamenco y rock. Lo demuestran también esas formas híbridas que son los mangas japoneses, los culebrones egipcios, brasileños y mexicanos, frutos del encuentro del modelo americano y las realidades culturales locales. Mes-

---

1. Jackie Assayag, *La mondialisation vue d'ailleurs. L'Inde désorientée,* Seuil, 2005.

tizaje asimismo de los modelos alimentarios que vemos ilustrado por ejemplo en los restaurantes vietnamitas, hindúes, pakistaníes que se abren en las ciudades occidentales. Incluso el universo de la belleza femenina acusa un proceso de «glocalización»[1] al combinar los cánones estéticos occidentales modernos (silueta delgada y deportiva, atractivo sexual, cara alargada, nariz pequeña) con modelos plurales, étnicos, «etnochics». En la cultura-mundo coexisten productos formateados y producciones «criollizadas» que cruzan todas las corrientes y estilos del mundo: la globalización no produce sólo lo homogéneo, camina hacia la hibridación de lo global y lo local, hacia la mezcla de lo cosmopolita y lo vernáculo.[2]

Por todas partes se expresan y se glorifican los particularismos; mientras se afirman la necesidad de las «raíces» y la valoración de la herencia cultural y religiosa, por todos lados se buscan medios que aseguren el orgullo patrio. Cuando más se consume la cultura americana, más relieve adquieren las reivindicaciones identitarias y las demandas de diferencia cultural: la globalización combina cosmopolitismo y celebración de lo vernáculo. Cuanto más participan los individuos de la cultura-mundo, más experimentan la

---

1. Este concepto fue acuñado por James Clifford, para quien los signos y modos de vida difundidos por la «cultura mundial» son todavía objeto de adaptación o de reinterpretación por las culturas locales. Cf. James Clifford, *The Predicament of Culture. Twentieth Century Ethnography, Literature and Art,* Harvard University Press, Cambridge (Mass.), 1988. [*Dilemas de la cultura: antropología, literatura y arte en la perspectiva posmoderna,* Gedisa, Barcelona, 1995.]
2. Arjun Appadurai, *Après le colonialisme. Les conséquences culturelles de la globalisation,* Payot, 2001. [*La modernidad desbordada: dimensiones culturales de la globalización,* Fondo de Cultura Económica, Buenos Aires, 2001.]

necesidad de defender su identidad cultural y lingüística. En el momento de la cultura-mundo, ser uno mismo ya no es negar sino reivindicar el propio pasado, una historia, la herencia colectiva. No una tendencia única a la uniformización del mundo, sino revitalización de las culturas destinada a contrarrestar el sentimiento de enajenación y a reforzar las identidades colectivas. El cosmopolitismo de la cultura globalizada no pone fin a los particularismos vernáculos, sino que contribuye a darles una nueva legitimidad, un nuevo valor emocional e identitario en tanto que forma de asegurar la propia estima, de poner de relieve las identidades particulares en un mundo transnacional.

La gestión de las empresas multinacionales no logran mejores resultados que el mercado de masas a la hora de crear profesionales internacionales estandarizados, desvinculados de toda forma de cultura de origen. Sin duda se quiere desarrollar una nueva élite transnacional, una «clase global» hecha de cuadros y ejecutivos móviles, adaptables, titulados, que se sientan cómodos en todas partes y hablen varios idiomas, que compartan los mismos hoteles y las mismas aficiones, formados según los modelos administrativos de origen anglosajón. Sin embargo, numerosos estudios muestran que estas élites altamente cualificadas y dedicadas al universo de la competencia internacional continúan apegadas al país de origen y pueden reivindicar sus raíces, su historia, sistemas de valores diferentes de los de la gran empresa mundial. Aunque la relación con la profesión esté occidentalizada, otras dimensiones de su identidad remiten a especificidades nacionales o étnicas. A pesar de su movilidad, de la adopción de estándares «universales» de gestión y racionalidad, de la internacionalización de su currículo, los ejecutivos y expertos globales siguen identificándose con la comunidad a la que pertenecen, siguen manteniendo lazos estrechos con su país de origen.[1] La internacionalización de la economía y la gran empresa multinacional no eliminan en absoluto los particularismos culturales ni los arraigos étnicos, sino que los hacen coexistir con la cultura de la racionalidad instrumental en una diversidad, una heterogeneidad de estrategias identitarias.[2] En el interior de las empresas globales, la lealtad étnica y las identidades nacionales son ciertamente más débiles, pero estos elementos permanecen como forma de reapropiación de los orígenes, fuente de seguridad y de valoración, medio de ser agentes del propio destino. El objetivo de la gestión cultural es hacer comprender y tener en cuenta esta diversidad cultural para optimizar los recursos humanos de la empresa.

La experiencia migratoria o diaspórica ejemplifica del mismo modo los límites de la cultura planetaria. La mayor parte de los emigrantes se esfuerzan por mantener lazos estrechos con los miembros de su familia, enviándoles regularmente dinero, manteniendo con ellos contactos telefónicos más o menos periódicos; siguen vinculados a su lugar de origen solidarizándose con los nuevos candidatos a la

---

1. Sin embargo, se trata de un fenómeno que no está generalizado. Las élites de procedencia extranjera de Silicon Valley, animadas por un individualismo competitivo y meritocrático exacerbado, se muestran poco inclinadas a reivindicar sus raíces identitarias. Cf. Marc Abélès, *Les nouveaux riches. Un ethnologue dans la Silicon Valley*, Odile Jacob, 2002, pp. 52-60.

2. Philippe Pierre, «Mobilité internationale des élites et stratégies de l'identité», *Revue européenne des migrations internationales*, vol. 19, n.º 1, 2003. Saskia Sassen habla de «clases globales parcialmente desnacionalizadas», no necesariamente cosmopolitas, que ocupan una posición intermedia y ambigua entre lo nacional y lo global; cf. *La globalisation. Une sociologie*, Gallimard, 2009, pp. 173-198. [Sassen, *Una sociología de la globalización*, Katz, Buenos Aires, 2007.]

emigración, pero también son fieles a sus modalidades de consumo alimentario, a sus prácticas indumentarias, a su estética de interiores, que a veces reconstruyen de manera kitsch. Como dice Fariba Adelkhah, los emigrantes «se van sin abandonar», en tanto que persisten los arraigos culturales, los rituales identitarios, los vínculos sentimentales con la madre patria.[1] Los que triunfan económicamente también dan fe de su apego a la tierra natal sobre todo con donaciones, con inversiones energéticas o económicas en la región de procedencia.[2] Las diásporas no se traducen en una ingravidez social y cultural, sino que se definen prioritariamente por la conciencia nacional,[3] a veces por las filiaciones locales o regionales. Incluso ha podido observarse, entre algunos emigrantes, un «nacionalismo a distancia»[4] –como ejemplifican sobre todo los movimientos de armenios, kurdos, tamiles cingaleses, croatas, sijs–, en el que los sentimientos nacionalistas de las comunidades expatriadas son más radicales que los de los compatriotas que se quedaron «en casa».

La cultura-mundo no pone fin a los sentimientos nacionales ni a la territorialidad urbana. Los emigrantes hipermodernos dan forma, en las metrópolis occidentales, a te-

---

1. Fariba Adelkhah, «Partir sans quitter, quitter sans partir», *Critique internationale*, n.º 19, 2003.
2. Fariba Adelkhah, «Le retour de Sindbad. L'Iran dans le Golfe», *Les Études du CERI*, n.º 53, mayo de 1999.
3. Abdelmalek Sayad, *La double absence. Des illusions de l'émigré aux souffrances de l'immigré*, Seuil, 1998.
4. Benedict Anderson, *The Spectre of Comparisons: Nationalism, Southeast Asia, and the World*, Verso, Londres y Nueva York, 1998. Asimismo, Alain Dieckhoff y Christophe Jaffrelot, «La résilience du nationalisme face aux régionalismes et à la mondialisation», *Critique internationale*, n.º 23, abril de 2004.

rritorios, barrios, redes; viven en bolsas de concentración y en pisos ocupados, abren bares y restaurantes exóticos, establecen circuitos transnacionales de emigración. Por todas partes se desarrollan barrios multiétnicos y multirreligiosos, lugares «glocales» y transnacionales. Al mismo tiempo que desterritorializa los mercados, las imágenes y a las personas, la cultura-mundo reorganiza redes sociales y nuevas formas de territorialización transnacional.[1] Creadora de «no lugares», la cultura-mundo es asimismo productora de fuertes socialidades espacializadas, como lo ejemplifican todavía, en lo alto de la escala social, las comunidades exclusivas, y «en lo bajo», las bandas de jóvenes que se disputan y defienden «territorios» en los que se enfrentan.

La cultura-mundo coincide con el advenimiento de la sociedad de la información y la comunicación, dominada por Estados Unidos. Pero es necesario señalar que las poblaciones del Tercer Mundo, o las diásporas intercontinentales, están lejos de adherirse a las informaciones vehiculadas por las redes occidentales. Las mismas informaciones no son interpretadas del mismo modo por todas las poblaciones del planeta, ya que las culturas identitarias funcionan como gafas cuyos cristales filtran lo real. Las imágenes difundidas por la CNN durante la guerra del Golfo o a raíz del 11 de septiembre de 2001 fueron recibidas de distinta forma por el Norte y por el Sur: las imágenes de los enfrentamientos militares en el Líbano o en Gaza adquieren un sentido diferente para los musulmanes y para los judíos. La cultura-mundo no es una «aldea global» uniforme: cuantas más noticias internacionales hay, más se replican las de origen americano, más se rechazan, más se tachan de imperialismo cultural por muchas poblaciones de Oriente y de África. En

1. Jean-François Bayart, *op. cit.*, pp. 180-195.

este contexto, la cadena de información continua Al-Jazira se ha fijado como objetivo dar una representación de los conflictos internacionales más cercana a la sensibilidad árabe que la de las grandes cadenas occidentales, satisfacer las expectativas de los musulmanes que no se reconocen en la oferta mediática dominada por Estados Unidos. No tanto desaparición de las distancias culturales, como aumento del resentimiento hacia Occidente y hacia Estados Unidos en particular; la disolución de las fronteras provocada por las redes de comunicación no elimina en absoluto las incomprensiones ni los odios, las percepciones particularistas del mundo, las sensibilidades divergentes que dependen de las identidades culturales.

El desquite de la cultura

La persistencia de las diferencias culturales va mucho más allá de estos fenómenos: se expresa sobre todo en las nuevas formas de violencia y de enfrentamiento que conlleva la globalización. En el régimen hipermoderno ya no se puede entender la cultura únicamente como conjunto de sistemas simbólicos que aproximan y unifican a los individuos,[1] pues es también una fuerza de división que comporta conflictos y diferencias de fondo. Éstos se manifiestan en las nuevas guerras entre comunidades, en las matanzas y limpiezas étnicas, en los fanatismos terroristas, en los integrismos religiosos y otros fundamentalismos. Los estallidos

---

1. En la cultura-mundo hay dos fenómenos que llevan al extremo esta dimensión unificadora: por un lado los movimientos humanitarios, por otro el «patrimonio cultural de la humanidad» promovido por la UNESCO.

de violencia que se desencadenan aquí y allá a raíz del fin de la división en bloques y la debilitación de las estructuras estatales están cargadas de componentes culturales y étnicos, religiosos y nacionales. Cuanto más depende el curso del mundo de los mecanismos del mercado, más bullen las exigencias cultural-identitarias. Aunque, evidentemente, no es sólo la cultura lo que está en el origen de estos conflictos, aparece como un factor cada vez más susceptible de ser instrumentalizado y capaz de intensificar los orígenes clásicos de los antagonismos que sacuden el mundo, a saber, las tensiones geopolíticas, los intereses económicos, las relaciones de poder, las ambiciones de los politicastros.

Es evidente que la idea de «guerra de las civilizaciones» no es exacta, dado que no tiene en cuenta el hecho de que la mayoría de los conflictos no se desencadena entre las civilizaciones, sino en el interior mismo de éstas (guerra Irán-Irak, guerra civil en Ceilán, violencia etnocida en Ruanda o en los Balcanes).[1] Sin embargo, esta tesis contiene algo verdadero, pues los factores «culturales» desempeñan en efecto un papel mayor en los antagonismos colectivos actuales. En este sentido hay que señalar que la era de la globalización hipermoderna no significa el «fin de las ideologías» o el «fin de la historia», caracterizado por la mera lógica de los intereses materiales y de consumo: el antiamericanismo se extiende, por todas partes hay luchas y guerras, excomuniones, matanzas decretadas por mitologías nacionales, cruzadas morales, retóricas de la autenticidad, neomesianismos, ideas de pureza religiosa o étnica. La cultura-mundo, más que hacer desaparecer, ha hecho renacer, con nuevos

---

1. El antiamericanismo no se deriva del choque de civilizaciones, dado que está vigente no sólo en tierras del islam, sino también en Europa y en América Latina.

rasgos, el reinado del imaginario ideológico, religioso e identitario.

La cultura funciona como una esfera altamente polémica incluso en las democracias avanzadas. Lo demuestran los nuevos debates en torno al laicismo, a las guerras de la memoria, a las reivindicaciones idiomáticas, al derecho de las sectas a existir. A lo cual hay que añadir los enfrentamientos éticos relativos a la eutanasia, al aborto, a la procreación asistida, a las manipulaciones genéticas, a la legalización de las drogas, a la adopción de niños por homosexuales, a la castración química o física de los pervertidos sexuales. Es evidente que la cultura ha adquirido un nuevo protagonismo polémico, que tiende a imponerse como factor de división social, como foco permanente de conflictos, no sin repercusión política. Mientras se extiende el «horror económico», vemos afirmarse, paradójicamente, los problemas culturales en el corazón de las tensiones colectivas: la época es testigo del aumento de los interrogantes y disensos éticos, de las demandas y afirmaciones culturales que reorientan de manera creciente la vida colectiva en torno a los temas de la memoria y la etnicidad, del reconocimiento y la diferencia culturales. Tal es lo que podríamos llamar desquite de la cultura.

Guardémonos de ver aquí un resurgimiento del tradicionalismo. El desquite de la cultura, en nuestros países, no es sino una nueva etapa en el proceso de democratización y de individuación que cala en el dominio de los «valores», ya destradicionalizado, abierto a debates libres y contradictorios, a interrogantes individuales y colectivos en un momento en que la Iglesia ya no decreta con espíritu soberano lo que es el bien y el mal. Valores éticos, identidades colectivas, memorias: en un mundo secularizado hipermoderno ya nada cae por su propio peso, ninguna institución es ya capaz de imponer una concepción del mundo y un sistema de valores irrefutables, nada escapa ya a los cuestionamientos, a las exacerbadas reivindicaciones de reconocimiento de los diferentes grupos. Desquite de la cultura que refleja igualmente los fallos de un mundo consumista hipertrófico, incapaz de dar un sentido a la vida. Esto es estimulante. Es la prueba de que el consumismo no ha conseguido vencer totalmente las aspiraciones humanas: sea cual fuere la intensidad de la fiebre adquisitiva, las personas no han perdido la capacidad de indignarse moralmente, no han perdido la voluntad de hacer triunfar las causas justas, de definirse por algo más que por su relación con las marcas, los viajes, los entretenimientos comercializados.

El desquite de la cultura no ha jugado todas sus cartas, ni mucho menos. Aunque es ilusorio creer en la proximidad de una superación de la cultura-mundo comercial, es cierto que hay una nueva cultura que se busca a través del desarrollo sostenible, la denuncia de las tropelías financieras y de las desigualdades extremas, pero también a través de las diversas búsquedas de sentido. Para avanzar por este último camino no bastarán la acción política ni el desarrollo tecnoeconómico. Necesitamos volver a las fuentes culturales para entender mejor dónde nos encontramos y para escapar a la inmediatez de lo superficial y lo espectacular.

La hipermodernidad es la época que funciona con la desregulación, con la desinstitucionalización, con la profusión. Tiene como consecuencia el trastorno de todos los referentes y de la relación con el mundo, una pérdida de confianza en las grandes instituciones, una incertidumbre generalizada. Trátese del desacuerdo izquierda-derecha, de la idea de progreso, de la globalización, de la economía liberal, de la técnica, de los medios, la alimentación, la educación, el arte, nada escapa ya al principio hipermoderno de desestabilización de coordenadas, tanto mayores como menores. Es así como el orbe de la cultura-mundo tiende a volverse indescifrable, confuso, caótico: el hombre de la cultura-mundo no tiene ya autoridades superiores, ya no hay anteojos, ya no hay brújulas que lo guíen. Hasta entonces era la cultura la que proporcionaba marcos simbólicos permanentes a la vida de las personas, la que daba sentido a la experiencia del mundo, de la vida y de la sociedad. Esto se acabó: bien mirado, lo que rige ahora es lo contrario. La cultura-mundo aparece como lo que desposee a los individuos de las claves para descodificar su universo. Ya no aclara lo que sucede ni lo que sucederá, ya no fija el rumbo: desestructura lo que antaño encuadraba la comprensión de la vida. La cultura construía un mundo familiar y común; la hipercultura nos lo vuelve extraño en el momento en que las distancias se acercan, en que prolifera la información, en que todo está al alcance de un clic. Cuanto más responsable de sí mismo se vuelve el individuo, más desorientado se muestra, más privado de medios que le permitan vivir en un mundo comprensible.

De ahí que nos concierna esa tarea primordial que consiste en ayudar a los demás a reconquistar un mundo que sea menos opaco, más «habitable». A devolverles el poder sobre lo que experimentan. Desde esta perspectiva se impone la necesidad de disponer de una *cultura general* cuyo contenido hay que volver a meditar y cuyos perfiles hay que redefinir. Todo está por hacer en este sentido, pues la cultura general a la antigua usanza no está a la altura del reto. Una cultura general que hay que definir como *cultura de historia* que aporte las grandes líneas de fuerza, las referencias estructuradoras, las evoluciones básicas del devenir humano, y que al hacerlo permita comprender mejor el mundo en el que evolucionamos. Cuando lo religioso y lo político ya no dirigen soberanamente los espíritus, aumenta la necesidad de poner de relieve las grandes matrices de la aventura humana, las discontinuidades mayores, las grandes revoluciones del saber, de las mentalidades y las artes. Cuanto más triunfa el corto plazo de la información, más tenemos que privilegiar el eje de larga duración, el de la profundidad del tiempo histórico, para combatir la ilegibilidad del presente, fuente de desasosiego y de repliegue en uno mismo.

No acaba aquí lo que tenemos que esperar de la cultura. También tenemos que movilizar las facultades activas del individuo, dar a los talentos creativos la posibilidad de ejercitarse en todos los dominios de la actividad humana, altos y menos altos. Tales podrían ser el nuevo sentido y la nueva función de la cultura: hacer de contrapeso del imperio del consumo pasivo liberando las potencias de lo imaginario. A menudo identificamos la cultura con las obras maestras de la humanidad, que, por encima del tiempo, permiten la formación y la elevación del espíritu. Este enfoque, por legítimo que sea, no basta. La cultura, en sentido amplio, en el plano antropológico, instituye mundos simbólicos e imaginarios, construye al ser humano dándole reglas, fijándole objetivos y una jerarquía de valores. Una consecuencia de este enfoque es que la cultura, dada su alta misión espiritual o intelectual, no puede disociarse de una formación humana más global. Desde este punto de vista hay que plantear la cultura como lo que debe abrir los horizontes de todos, estimular las pasiones fecundas, aportar proyectos que no se reduzcan a consumir.

Tal debería ser la gran ambición sociohumana de la escuela: no limitarse a adquirir saberes fundamentales y leer obras inmortales, sino estimular los deseos de creación, las pasiones activas de todo género, fomentar los múltiples potenciales de los jóvenes y esto en los ámbitos más variados:

diseño, vídeo y música, pero también en el trabajo, la empresa o la acción filantrópica. En el momento de la cultura-mundo es una ingenuidad esperar alcanzar la salvación sólo mediante las virtudes de la alta cultura. Sin duda es útil, quizá necesaria, pero desde luego es insuficiente. La misión superior de la escuela y de la cultura es aportar las herramientas que permitan a los individuos superarse a sí mismos, ser «más», cultivar sus pasiones fecundas y activas, su imaginario creativo, sea cual fuere la esfera de acción y de creación.

No se trata solamente de exaltar el «valor espíritu», sino de desarrollar una formación inicial que impulse a los individuos a vivir para algo más que para el consumo efímero y tentacular. En el momento de la sociedad de hiperconsumo, ésta podría ser otra faceta del desquite de la cultura, una faceta totalmente positiva, vuelta hacia el futuro y consagrada a una idea más elevada de la persona: comprar marcas y renovarlas incesantemente no está a la altura de lo que tenemos derecho a esperar de la vida y del individuo. Nuestra época espera más que nunca transformaciones del sistema educativo que permitan dar referencias estructuradoras, abrir el espíritu y la existencia a dimensiones más diversas y creativas, promover la propia estima mediante actividades que inciten a las personas a superarse, a ser agentes de su vida.

Los recursos de la cultura son muchos y más necesarios que nunca para civilizar la globalización y nuestros modos de vida. Si la dinámica de la globalización escapa en gran parte al control de las personas, la cultura educativa sigue siendo ese dominio en el que abundan las posibilidades de conquista, en el que hay amplísimos márgenes de maniobra: hay mucho que cambiar, mucho que imaginar e inventar para reorientar la vida hacia otros horizontes. Un desquite de la cultura, firme y constructivo, ante la mecánica prácticamente ingobernable de los flujos financieros.

Globalización y occidentalización

Las reafirmaciones identitarias, la reinvención de tradiciones y los diferentes mestizajes culturales no señalan sólo los límites de la uniformización-americanización del mundo, sino que también expresan, con otros fenómenos, los límites de la antigua hegemonía de Occidente. Éste ha gozado durante mucho tiempo de una supremacía absoluta en los dominios científico y tecnológico, económico y militar, ha colonizado continentes enteros atribuyéndose una misión civilizadora de orden universal. Esto ya no es así, Europa ya no pretende ser el agente superior de la civilización universal. No cabe duda de que la Unión Europea es la primera potencia comercial del mundo. Pero, dividida y entorpecida por un funcionamiento burocrático, es hoy incapaz, en las relaciones internacionales, de ser un agente mayor, dotado de instrumentos de poder político y militar. El Viejo Continente seduce por su estilo de vida y sus valores democráticos, pero su capacidad para decidir en los asuntos del mundo sigue siendo escasa. En cuanto a la condición de hiperpotencia que tiene Estados Unidos, la vemos quebrantada por la aparición de nuevos centros de poder económico y político,[1] por su incapacidad para estabilizar el capitalismo globalizado, por su modelo económico basado en el superendeudamiento y la especulación desmedida, y por su intervención en las guerras de Irak y Afganistán. Lo nove-

1. Guardémonos sin embargo de interpretar el ascenso de nuevas potencias como síntoma del inevitable declive de Estados Unidos. Según Goldman Sachs, la participación de Estados Unidos, Canadá y México en el PIB mundial será del 23% en 2050. Una posición cercana a la participación de Estados Unidos en 1960 (26%) y 1980 (22%), según cita Michael Lind en «Le mythe du déclin américain», *Le Débat*, septiembre-octubre de 2008, p. 93.

doso es que Occidente ya no protagoniza en solitario la modernidad económica y tecnológica: el centro del capitalismo global se está desplazando a gran velocidad hacia Asia. Cuando triunfa la cultura-mundo, Occidente deja de ser el centro de la economía-mundo: el tiempo de su liderato absoluto e incuestionable ha pasado.

Incapaz de responder con sus propios medios a las consecuencias del seísmo de 2008, incapaz de poner fin a las amenazas terroristas, a la proliferación nuclear, a la delincuencia económica y financiera, incapaz de controlar el flujo inmigratorio —cada año entran ilegalmente en Estados Unidos 500.000 personas–, la mayor potencia del mundo no deja de evidenciar su dependencia financiera y económica del resto del mundo (de China en particular), así como su impotencia para regular el caos generalizado que es típico de la época hipermoderna. En el momento de la cultura-mundo, la primacía de Occidente encabezado por Estados Unidos ha llegado a su fin, y su capacidad para imponerse como modelo a todo el planeta está llena de agujeros.

La pérdida de centralidad de Occidente va más allá del ámbito económico: afecta al plano de las representaciones, de las ideas y los valores. Mientras vemos la glorificación de las culturas etnoidentitarias, se expresan por doquier la hostilidad hacia la arrogancia estadounidense, el desprecio por sus insignificantes valores materialistas, la aversión por sus costumbres sexuales «decadentes». El «sueño americano» dista mucho de haber caducado en todas partes, pero jamás ha habido tanto resentimiento contra Estados Unidos. Antes brillaba como promesa de emancipación y de bienestar: hoy lo vemos desacreditado y detestado (no sin ambigüedades), tildado de potencia imperial que se dedica a conquistar mercados y a imponer sus valores –los derechos humanos y la democracia liberal– mediante guerras, mediante la imposición de medidas económicas brutales a través del FMI y el Banco Mundial, mediante la colonización cultural y el apoyo a Israel. Cultura-mundo significa triunfo del espíritu capitalista, pero trae aparejado el odio por Estados Unidos, dado que lo encarna en su más alto grado. Una repulsión cultural y política por lo demás profundamente ambigua, ya que el antiamericanismo puede coexistir con el deseo de rehacer la propia vida en el Nuevo Mundo, con la fascinación por sus productos culturales, la seducción de sus riquezas y sus derechos políticos e individuales.

Es indudable que por el momento no puede negarse la supremacía americana en lo relativo a las industrias culturales. Sin embargo, tenemos derecho a pensar que mañana pueden cambiar las tornas, conforme se vayan imponiendo nuevos grandes agentes económicos en los intercambios internacionales. Japón es ya el segundo exportador de productos culturales, y algunos países –India, México, Brasil, Egipto, Hong Kong– están consiguiendo notables resultados en sus mercados regionales vecinos. La tercera exportadora mundial de productos culturales es China, y la India, la segunda industria cinematográfica del mundo. Nuevas redes mundiales de información rivalizan con la CNN. La época en que globalización rimaba con americanización ha pasado ya: con la aparición de los nuevos gigantes de la economía y el advenimiento de un mundo multipolar, el futuro de la cultura-mundo está abierto y su configuración es policéntrica.

La evolución de las aspiraciones y de los referentes culturales en Occidente ejemplifica por otro lado la erosión de la fe en la superioridad de la cultura occidental y en sus pretensiones de servir de modelo a todo el planeta. Tras la imposición imperial de nuestras normas a los «otros» ha llegado el momento de que nosotros importemos los elementos culturales del exterior: el Occidente actual se descentra, se pluraliza integrando tradiciones antaño consideradas inferiores o contrarias a sus valores. Asistimos, pues, a una orientalización y, en sentido más general, a una «sudificación» de Europa y Estados Unidos. El western, género específicamente estadounidense, está en vías de extinción; por el contrario, el budismo atrae a una cantidad creciente de adeptos occidentales; florecen el yoga y las meditaciones orientales; la estética japonesa remodela la decoración de las viviendas, los almacenes comerciales, el arte culinario; se toma té en los restaurantes chinos y sake en los establecimientos japoneses de París y Nueva York. La cultura occidental no triunfa sino perdiendo la centralidad de que gozaba en otros tiempos, incorporando en gran medida lo ajeno, dejando de presentarse como único modelo legítimo de exportación.

De aquí la idea, frecuentemente apuntada, del fin de Occidente como centro de referencia del mundo hipermoderno y de una nueva modernidad cuya hibridación se ha separado del molde occidental primitivo. Pero eclipse del europeocentrismo ¿significa desoccidentalización del planeta? Las corrientes antioccidentales, las reactivaciones identitarias, las hibridaciones culturales ¿representan una ruptura radical, el nacimiento de un nuevo mundo posoccidental? Me parece más convincente interpretar la globalización de otro modo. Miremos donde miremos, modernizarse es todavía, en cierto modo, occidentalizarse, es decir, transformarse y reestructurarse de acuerdo con núcleos fundamentales de la cultura-mundo que proceden de Europa. En todos los continentes el capitalismo impone su ley en la vida económica, las técnicas de producción y de comunicación son idénticas, las megalópolis y las arquitecturas se asemejan, se difunde el modo de vestir internacional; de Norte a Sur dominan el orden tecnocomercial, los valores consumistas, la individuación de las formas de vida que son los constituyentes de fondo del Occidente moderno. No es un enfoque etnocéntrico reconocer que, en virtud de la difusión planetaria de los cinco vehículos clave de la cultura-mundo que son invenciones de origen europeo, la occidentalización del mundo no hace más que prolongarse y generalizarse. Samuel Huntington decía: «Los occidentales deben admitir que su civilización es única, pero no universal.»[1] Yo rechazo esta interpretación: la civilización occidental es única[2] y universal, aunque es evidente que no todo lo que hay en ella es universal.

Es cierto que esta occidentalización *estructural* del mundo no implica ya la alineación de todas las culturas con los valores, el imaginario y las mitologías de Occidente: aquí las sociedades recurren a la reislamización, allá a la hinduidad, más allá a la sinidad, a la indianidad o a la africanidad. Las potencias autoritarias de Asia adoptan el capitalismo, pero sus sistemas políticos no garantizan los derechos de los individuos, que en cambio son los principios fundamentales de los regímenes políticos de Occidente. Aunque las estructuras

---

1. Samuel Huntington, *Le choc des civilisations,* Odile Jacob, 1997, p. 17. [*El choque de civilizaciones y la reconfiguración del orden mundial,* Paidós, Barcelona, 2007.]
2. Hay que oponerse igualmente a la tesis de Bruno Latour, que impugna la diferencia radical de la civilización occidental respecto de las demás culturas. Sea cual fuere la proliferación de los bricolajes, las heterogeneidades y las mezclas que trae aparejada la trayectoria de la modernidad, no es menos cierto que los rasgos estructurales que la definen no instituyen sólo una simple «diferencia de estatura» y «movilidad», sino toda una ruptura absoluta a la escala de la historia de las sociedades humanas. Cf. B. Latour, *Nous n'avons jamais été modernes,* La Découverte, 1997. [*Nunca fuimos modernos: ensayo de antropología simétrica,* Siglo XXI, Buenos Aires, 2007.]

profundas de organización sean comunes, las representaciones políticas, ideológicas y culturales no lo son. La segunda globalización combina capitalismo y antiliberalismo, cosmopolitismo e indigenización, universalismo y particularismo, consumismo y «etnicidad», cálculo racional y neotradicionalismo. En este sentido, nos encontramos más bien ante una modernidad plural o, más exactamente, diferenciada.

Con todo, no perdamos de vista que a pesar del auge de las idiosincrasias culturales se está acentuando un proceso de modernización idéntico en todo el planeta. Aunque hay mezcla de culturas, no todo depende de la hibridación: lo que vale en el orden cultural propiamente dicho no vale en otros órdenes. ¿Acaso vemos mestizaje en el funcionamiento financiero, en el trabajo científico, en el universo técnico, en las prácticas médicas? Y el espíritu del libre examen se define en todas partes por el mismo rechazo de los criterios de autoridad y el uso de la razón individual. En estos ámbitos al menos, la modernidad no tiene nada de vernáculo, funciona del mismo modo, sea cual fuere el entorno cultural. Naturalmente, la dinámica de la modernidad actúa siempre en culturas particulares que cada vez le dan una fisonomía específica: por eso ha habido siempre concepciones y concreciones diferentes de la modernidad. En este sentido, la globalización y el descentramiento de Occidente que aquélla comporta no hacen sino abrir más el abanico de las interpretaciones culturales de la modernidad. Lo cual no impide que ésta se defina por lógicas estructurales, por procesos de transformación sociohistórica (racionalización científica y técnica, diferenciación funcional, autonomización de la sociedad, comercialización exponencial de las actividades y modos de vida, individuación, etc.) idénticos en todo el globo. Por este motivo, y en puridad, es más exacto hablar de modernidades diversificadas que de «modernidad mestiza»,[1] que privilegia excesivamente la dimensión de los contenidos culturales de las civilizaciones.

Hay que ser prudentes en el uso de la categoría de mestizaje del mundo, que hace creer que el peso del pasado milenario y de los contenidos culturales restaurados es equivalente al de las nuevas estructuras de funcionamiento de las sociedades. Esta perspectiva es errónea: son los factores modernos los que determinan y orientan con la máxima fuerza el rostro de las sociedades en la época de la globalización. Como señala V. H. Schmidt, el Japón actual tiene más puntos en común con Canadá o la Alemania moderna que con el Japón premoderno.[2] En los mecanismos de hibridación de modernidad y tradición, las fuerzas en juego no son del mismo nivel, el intercambio es desigual. No confundamos la organización de fondo con la retórica, el instrumento con la imagen, las axiomáticas estructuradoras con las reactivaciones culturales concretas. El árbol no debe ocultar el bosque: sea cual fuere la fuerza de las reactivaciones identitarias, son los vectores de la cultura-mundo los que, a largo plazo, sacuden en profundidad las sociedades del planeta y las reorganizan en el mismo sentido. El resurgir del rigorismo moral en tierras islámicas no impide en absoluto, en Dubai o en Abu Dabi, los excesos del hiperconsumo propiamente occidental, la hipertrofia de la arquitectura moderna, las extravagancias hoteleras y turísticas, los derroches espectaculares, los megaproyectos culturales. Puede que los iraníes quemen la bandera americana, pero se esfuerzan por dominar la energía atómica; denostan la Ilustración, pero

---

1. Jean-Claude Guillebaud, *Le commencement d'un monde. Vers une modernité métisse*, Seuil, 2008.
2. Volter H. Schmidth, «Multiple modernities or varieties of modernity», *art. cit.*

cada vez hay más mujeres iraníes cursando estudios superiores. Y el neofundamentalismo podrá esgrimir el antioccidentalismo exigiendo la vuelta al «verdadero islam», pero no por ello está menos afectado por una lógica del individuo que se aparta de la religiosidad tradicional o consuetudinaria. Es indiscutible que hay un proceso de islamización, pero, en un plano más profundo todavía, también hay una modernización acelerada de la sociedad, una remodelación de ésta por los principios universales de la cultura-mundo: la racionalidad, la eficacia, la individualidad. Es una ingenuidad creer que la asimilación de las lógicas de la cultura-mundo pueda dejar intactas las culturas originales: poco a poco, de manera inevitable, los modos de pensar, de obrar, de educar acusan la huella moderna e hipermoderna.

En la época hipermoderna los pueblos se dedican tanto más a exaltar sus singularidades y a reivindicar sus raíces porque se ven arrastrados por una misma dinámica de modernización que, por mucho que disguste a los espíritus políticamente correctos, implica de un modo u otro la occidentalización del mundo. Por ejemplo, en un fenómeno como la moda. Es verdad que en nuestros días los creadores de moda revisitan a veces las tradiciones no occidentales. Pero esta recuperación de los particularismos no es sino una de las caras de un fenómeno de amplitud mucho mayor, a saber, la universalización del sistema de la moda (colecciones renovadas periódicamente y cada vez más aprisa, estilistas, marcas, desfiles, top models, revistas), algo que no existía en la historia antes de que apareciese en Occidente.[1] Éste ha

---

1. Gilles Lipovetsky, *L'empire de l'éphémère. La mode et son destin dans les sociétés modernes,* Gallimard, 1987. [*El imperio de lo efímero. La moda y su destino en las sociedades modernas,* Anagrama, Barcelona, 1990.]

impuesto al mundo tanto la racionalidad tecnocientífica como la brevedad sistemática de las apariencias: ningún país escapa ya a los juegos y mecanismos de la moda inventados por Europa. Incluso la belleza femenina y sus normas ilustran este proceso. La «glocalización» de éstas no debe hacernos perder de vista que, pese a todo y de manera creciente, son los estándares estéticos occidentales relativos tanto al rostro (ojos grandes, nariz «caucasiana») como al cuerpo (delgadez, formas eróticas) los que dominan sobre todos los demás criterios aplicados al aspecto y los que reorganizan las expectativas y los juicios, las prácticas individuales y las imágenes mediáticas.

No nos engañemos: las crispaciones identitarias actuales, más que dar lugar a una restauración del poder de la dimensión tradicionalista o religiosa, ponen de manifiesto estrategias de la Razón política moderna, con sus técnicas de instrumentalización con vistas al poderío secular. Más allá de las retóricas diferencialistas y del frenesí antioccidental, los principios constitutivos de la modernidad ganan terreno inexorablemente. Ya ningún pueblo, ninguna nación está fuera de la dinámica de Occidente y de su labor destradicionalizadora. Cuanto más ostensiblemente se esgrimen las tradiciones particularistas en el exterior, menos se encuentran en el interior; jamás ha sido Occidente tan vilipendiado, jamás ha estado tan «interiorizado» como lenguaje, como aspiración y estructura de fondo.[1] La fuerza de Occidente como entidad geopolítica retrocede o se relativiza, pero el modelo de organización y de vida que ha puesto en marcha progresa en el mundo. La hipermodernidad no describe tanto la «decadencia de Occidente» como ese momento en que la planetarización de los principios de la modernidad

1. Hélé Béji, «L'Occident intérieur», *Le Débat,* n.º 42, 1986.

inventados por Europa genera repuntes identitarios que aparecen como reacciones ante las inmensas desestructuraciones que comporta la cultura-mundo, como formas de apropiarse una exterioridad ajena sin renunciar a ser uno mismo.[1] La «victoria» histórica de Occidente no debe entenderse como la de un contenido cultural particular, sino como la de una *forma* –la racionalidad tecnocientífica, el cálculo económico, los derechos individuales– cuyo significado y cuyo valor universal se han impuesto en todo el planeta tras su aparición en esta región particular del globo. La occidentalización que triunfa no es ni el occidentalismo, ni la supremacía del hombre blanco, ni la *american way of life* erigida en modelo para todas las civilizaciones: es el proceso de modernización-racionalización de todas las naciones y sus maneras de pensar, de producir y de obrar, sea cual fuere la intensidad de las reactivaciones culturales; es la cosmopolitización de la realidad planetaria, la difusión mundial de los agentes universalistas constitutivos de la era moderna tal como la ha desarrollado Occidente.

---

1. Marcel Gauchet, *op. cit.*, p. 487.

Cultura y globalización,
por Hervé Juvin

> Es más difícil ser de alguna parte que ser de la propia época.
>
> PIERRE JAKEZ HÉLIAS

Cultura. El medio de relacionarse con uno mismo, con los demás y con el mundo. Medio de pensarse o de huir de uno mismo. Medio de ser aquí y ahora, a la vez origen y proyecto, palacio de cristal y obra sin fin. Lo que construye la verdad, la que se expresa y la que no se expresa, lo que hace que los iguales se reconozcan. Entre lo que hace a uno, lo que hace al otro. Fuente de las sociedades humanas, en su singularidad, su diálogo, y la separación que permite la paz.

Cultura. Lo que la globalización quiere ser, como su medio más esencial. Porque es de ahí de donde todo se toma y donde todo se sostiene. Porque el verdadero, el único territorio de conquista se sitúa en lo que llena la noche de los sueños de ensueños y formas que no dicen su nombre.

Cultura. Eso que podría dar nombre a la crisis. Lo que rezuma, se ensombrece y enmohece bajo el culto solar de la fraternidad, de la solidaridad, de la humanidad reconciliada, al fin reconciliada, por la cultura-mundo y en la cultura-mundo. Lo que se mueve, chirría y cruje en los engranajes minuciosos de la fábrica de la satisfacción, de la producción de opiniones, del consentimiento y la desposesión.

El tema es actual. La crisis en la que nos ha introducido el sistema del mercado es una crisis de la cultura, dado que es una crisis de la relación con lo real, del juicio y la inteligibilidad del mundo. Es también una crisis de las culturas particulares, de las que organizan la vida, que dicen cómo comer, cómo acostarse, amar, transmitir, de ese plural capturado por este singular y su pretensión de ser la cultura de todos. Ante esta crisis moral y social es imposible una sola actitud: negar la importancia de las transformaciones que vacían de sentido la palabra cultura tal como ha sido pronunciada y debatida desde hace cosa de dos siglos y que hacen de la cultura otra cosa, otra realidad y otra palabra. Soñamos con no conocer ningún otro universal aparte de los precios, los contratos y los derechos, eso que nos exime de todo respeto por instituciones milenarias, porque son milenarias, eso que nos evita aprender la historia para despreciar mejor lo que los hombres blancos, racistas y violentos han producido, y eso que elimina la geografía porque, es evidente, los hombres son siempre los mismos. En este sueño prometeico no es de extrañar que cada multimillonario de bolsa se arrogue el derecho de cambiar el mundo, no es de extrañar que las estrellas se arroguen el derecho de comprar niños que gracias a ellas conocerán un futuro de oropel pero no a sus padres ni su tierra, y tampoco es de extrañar que el primer humanitario que llega adopte la postura de condenar las castas, las jerarquías de nacimiento y las creencias que dictan las formas de vida; porque es depositario de la cultura que culmina la historia y suprime la geografía, nuestra insuperable democracia de los derechos individuales.[1] Yo añadiría: imposible asimismo no ver el

---

1. Sobre este tema, véase la introducción de Louis Dumont a su obra sobre las castas de la India, *Homo hiérarchicus* (Gallimard, 1966),

vínculo entre la desaparición del individuo y la asfixia de la democracia y de eso en que se ha convertido la cultura; imposible no introducir una dimensión trágica en lo que se debate y debe volverse proyecto para la cultura.

Admitamos que nuestras sociedades europeas hayan salido de la religión, más aún, como dice Elie Barnavi en *Les religions meurtrières*,[1] que se hayan vuelto ciegas al hecho religioso, esto es, insensibles a lo sagrado. ¿Qué significa cultura del abandono de la religión? ¿Qué es una cultura que hace caso omiso de lo sagrado? ¿Qué es lo bello que no habla ya del cielo?

Observemos el despliegue invisible pero omnipresente de lo político y del Estado como infraestructura de los derechos, las libertades, incluso los deseos, y la creciente afinidad de las vidas que se rodean de artilugios, marcas y diferencias admitidas para ahorrarse el trabajo de reconocerse y elegirse, para sobrellevar mejor el duelo de toda autonomía real y de eso que dignifica a las personas. ¿Qué es una cultura que se ha convertido en argumento de una moral, que censura todo lo que no sigue los senderos previstos de lo bueno útil? ¿Qué es, en fin, una cultura que no sabe pisotear el bien y el mal, en nombre del genio, en nombre de la locura, en nombre de la risa? La subordinación de la cultura al derecho, a la norma y a la conformidad con el bien útil es la manifestación más visible de esa situación en que la

---

en la que señala que ningún hindú, y menos ningún europeo que haya vivido en la India, ha recomendado jamás la supresión de un sistema milenario que asegura a cada cual su lugar en el orden socio-cósmico... en 1960; ¡cuánto ha llovido desde entonces! [*Homo hierarchicus: ensayo sobre el sistema de castas*, Aguilar, Madrid, 1970.]

1. Seuil, 2007. [*Las religiones asesinas*, Turner, Madrid, 2007.]

cultura está llamada a ser medio de otra cosa, por encima de ella o sin ella.

Veamos por último hasta qué punto está nuestro universo hinchado de positividad, lleno hasta reventar de pretensiones respecto del bien, hasta el extremo de creer que el Occidente globalizado ha puesto fin a la historia y alcanzado el horizonte insuperable de la organización política del planeta. Hasta el extremo de que la vieja máxima del clientelismo político, «pan y circo», parece haberse transformado en el nuevo eje moderno de la cultura: facilitar las digestiones difíciles y tranquilizar la conciencia de quien hace donativos a los «Restaurantes del Corazón». ¿Qué es una cultura que fabrica buena conciencia, recurre a la censura y se dedica a la reproducción universal del sistema dominante? ¿Qué es una cultura que no apela a la conciencia de uno mismo, más allá y en contra de las facilidades y los conformismos, y que no expresa al mismo tiempo lo trágico de la vida y la magia siempre renovada de los proyectos humanos?

I. ¿A QUÉ SE DA EL NOMBRE DE CULTURA-MUNDO?

La cultura-mundo es el otro nombre de esta economización del mundo que emplaza cada planta, cada animal, cada parcela, incluso a los hombres y las mujeres de esta tierra, para su propia utilidad. En este sentido, es el efecto de nuestra salida de la tierra, del origen y la duración. Rodeo, ardid, subterfugio y sabor todavía a lo inconfesado de lo que debe obligarse a decir el nombre. Enunciar nuestra cultura es proclamar nuestro precio. Elogio de la movilidad, cosmopolitismo erigido en principio moral, interés individual santificado por los derechos del individuo y ya está. El sórdido secretito oculto detrás de la cultura de masas, la difusión de la cultura, el acceso de todos a la cultura y todos los demás escaparates que nos deslumbran, es que la cultura ocupa ya un lugar destacado entre las cosas que se producen y las cosas que se venden, dado que está entre las cosas que se contabilizan.

1. *Singular plural*

Teníamos culturas. En la distancia, la curiosidad, la diferencia irreductible. La tierra, es decir, la geografía, el origen, el clima, es decir, la historia de las personas, las determinaba tanto como la fantasía, el trabajo o el genio. Tenían cabeza de Jano, por un lado lo que separa de los demás a los iguales, afirma la unidad interna de sociedades dotadas de cultura propia y las inmuniza frente a las agresiones exteriores, por el otro lo que une a los que separa todo lo demás, lo que establece entre ellos el vínculo más profundo, el de los cimientos, los símbolos y las representaciones. A la vez diferencia y rasgo de unión, a la vez particular y común.

Tendremos la cultura. Punto de llegada, término, objetivo consumado de un mundo que ha salido de la naturaleza y de la historia, que ha concluido, que se ha vuelto limitado, pequeño, humano, solidario, fraternal, o bien fuga hacia un inacabamiento fatal, el del mundo que siempre hay que construir, rehacer, recomenzar. Salida de la tierra, rechazando el origen, rechazo de la historia y de la geografía, medio de la persona sin determinación, de la persona plenamente persona porque está liberada de toda contingencia y es capaz de todo lo que la destreza permite y el Bien reclama. Juan Sebastián Bach y el rap, las firmas de los grafiteros y Chanel, el confesonario y el monasterio oriental. No separados, en la distancia y la tensión, pegados, juntos, iguales, mezclados en esos nuevos estados de conciencia que forja la práctica de las incitaciones simultáneas. De nuevo Jano, por un lado liberación de antiguas dependencias, liquidación de límites, de ataduras que impiden la libre búsqueda de la felicidad por parte de cada cual, por el otro arraigo nuevo en la posibilidad ilimitada, que despierta en cada cual el deseo agotador de perseguir todas las oportunidades, convenciéndolo de que la vida personal no conoce límites, incluso incitando a cada cual a que se comporte así, a que desee moverse sin descanso.

Sea la cultura, es decir, la manera de ver el mundo, de sentir el mundo, de sentirnos en el mundo y, en consecuencia, de obrar sobre el mundo. Sea pues una cultura globalizada, es decir, una relación con lo real que da el mundo como unidad, como algo común, como uniformidad: el mundo plano ante la mirada, el paso del paseante, el apetito del turista. ¿Qué ocurre? Una diferencia multiplicada con lo real que hace que cada cual viva aquí y ahora, en unas condiciones climáticas, geográficas, históricas, sociales, políticas, etc., determinadas y particulares. No son tan numerosos los que tienen su segunda vivienda en todos los Hilton de la tierra y pueden creer en efecto que la tierra es plana, a condición de no oír el canto del almuédano, de no fijarse en la favela de la colina, en la muralla alrededor de las colonias, ¡y de no hojear el periódico local! ¿Cuál es la relación con lo real cuya clave es la cultura del Occidente globalizado? ¿Puede ser otra cosa que una cultura de ruptura con lo real, de abstracción creciente de la vida, de exorcismo de la historia y de la geografía, una expresión en suma del estado de percepción social en el que la fascinación por lo virtual implica una juventud embriagada por el advenimiento de lo individual, despreocupada por las condiciones que lo hacen posible? La pregunta es actual, incluso estridente. Pues todo el mundo la oye, algo pasa, algo que no se reduce a la transgresión de un cultura local, ni al mestizaje de la cultura local con ésta o aquélla, traídas del exterior. Algo que viene radicalmente de otra parte, que pone en juego otra cosa, tal vez para devolver a la palabra «comercio», tal como se entendía en el siglo XVIII, su amplitud original, y que se impone progresivamente como una forma de ser, de obrar, de relacionarse, al menos para una parte de la población mundial.

El hecho es esencial: no hay culturas, múltiples, diferentes, enfrentadas a un fenómeno exterior, que sería la globalización. Hay un hecho social global, cuya iniciativa es occidental, que se llama globalización y que por sí mismo constituye una cultura, o que lo pretende, y que tiende a imponerse a todas las demás en nombre del bien: si no sabéis dónde está vuestro interés, nosotros lo sabemos, confiad en nosotros. Estaban dominadas por la estabilidad social y la repetición del pasado, enseñaban el límite de toda vida humana y aconsejaban cautela ante las fuerzas que la superan, favorecían el camino de lo sagrado y disponían a cada cual a obedecer el destino, lo real, el poder y muchas más cosas. Todas distintas, todas diferentes y a veces incompatibles, indicaban todos los diferentes caminos para ser persona, desde los chukchis, que enseñan a suicidarse a los ancianos que se han vuelto inútiles, hasta los torayas de la isla Célebes (o Sulawesi), que guardan a los muertos en su casa, en su dormitorio, meses después de fallecidos, y antes de la reunión familiar que les dará descanso. La mediatización dice que todo es posible para cada uno de nosotros, que todo está permitido y que el mundo está a nuestra disposición. Y dice que al final del desnudamiento de todas las determinaciones, de los orígenes y las singularidades, una vez quemados todos los oropeles de lo particular en el fuego de lo universal, el Grial de las oportunidades estará al alcance del individuo absoluto en que cada una y cada uno puede y debe convertirse, sin caballo blanco y sin Perceval. Aquéllas eran variadas, ésta es una. Aquéllas conseguían la pacificación de los iguales mediante el mito de los cimientos y la excepción comunes, ésta la busca en la identidad de los intereses individuales y la universalidad del número. No es un indicativo, una observación de hecho; no serían culturas si no hubiera culturas, pues no eran sino diversidad, no se ponían en movimiento sino por la dinámica de la diferenciación de las sociedades humanas, condición a la vez de su diálogo y de su dinámica. Se acabó eso de enorgullecernos de nuestra cultura. Nuestra cultura es la de todo el mundo, nuestro único orgullo es estar dentro del flujo, fundirnos con lo común, someternos a la norma de la indiferenciación cultural, ¿no es esto lo que se enseña a los futuros ejecutivos de las multinacionales que fabrican clones indeterminados para los que nada que sea humano debería ser sensible? Celebrar nuestra cultura como cultura francesa, como cultura alemana, como cultura china, ¿no es ya discriminar? Y distinguirse ¿no es renunciar?

El momento señala la novedad radical de lo que sucede y que desborda todo lo que se ha observado sobre la cultura de masas; no se trata ya de la cultura de masas, se trata de la cultura de todos. Disuelta la masa en los animálculos que la componen, prohibida al pueblo la conciencia de sí mismo que le haría soñar con autonomía y lo convertiría en agente político. Internet y Web 2.0, el móvil; tenemos los medios para hablar con cada cual hasta el fondo de su intimidad, no hablaremos nunca con una masa. La cultura-mundo es la primera que quiere ser realmente universal, porque es individual y viene con el presunto triunfo del individuo. Se atribuye la misión de consumar la unidad de la humanidad y de alcanzarla asfixiando con su presencia e inundando con sus medios todas las demás culturas y su aspiración a di-ferenciar y a elegir. No será si no es una, su condición es abarcarlas todas, apoderarse de ellas y reducirlas a la unidad.

En su desarrollo, la cultura de la globalización es la primera que consuma en este punto la asociación del poder y el dinero. Y es la primera en estar tan vinculada con la economía, hasta el extremo de que la economía es la condición de su validez, hasta el extremo también de que compite para hacer del modelo de crecimiento ilimitado una fuerza suicida irresistible: no nos defendemos tanto de la cultura-mundo como de la promesa del bienestar. Ningún secreto, sólo la poderosa conjunción de la universalidad de la técnica –la gravitación no es ni británica ni china, simplemente es– y el dinero –equivalente universal de todas las cosas– al servicio de la utopía planetaria. Bienes culturales, servicios culturales, patrimonio cultural..., la cultura de masas arrastraba hacia la venta de la cultura a quienes no tienen más mérito ni medio que el dinero. La igualdad ante la cultura conduce al mercado de la cultura. Es el crecimiento lo que crea la cultura-mundo, sobre todo por la salida de la pobreza que ha posibilitado durante el período de mayor crecimiento mundial de la historia reciente, y quizá de toda la historia. Y como este proceso avanza, y hay crecimiento, comercio, negocios que se desarrollan, constituye un régimen de verdad. Verdad en el interior de una cultura, error más allá de ella. Y pues hay verdad en el interior de la globalización, hay error más acá. Pero también: verdad en y por el desarrollo, error sin él. La condición de este poder es el desarrollo. Mientras éste funcione, el poder sobre uno mismo, sobre los otros, es enorme; poder de veracidad, poder de operabilidad. Lo que hace que una cosa sea verdadera; lo que hace que la acción tenga lugar. Nuestra cultura es la cultura de desarrollo ilimitado y está basada en nuestra todopoderosa técnica, artífice de una ruptura sin precedentes con la naturaleza, dado que nos pone en situación de producir la naturaleza. Enseña a no preguntar nunca por qué. La cultura era el medio de distanciarse, de juzgar y de saber decir no. La cultura-mundo disuelve las preguntas en la acción, prohíbe la distancia y el juicio, y se reduce a una tremenda conformidad con el desarrollo, el mercado y sus hechos.

La cultura-mundo mantiene sin duda relaciones permanentes, intensas, con las culturas particulares que subsisten en el seno de las sociedades humanas. Están expuestas las unas a las otras, lo están siempre, lo están cada vez más. No ocasionalmente, tras las agotadoras jornadas en las arenas del desierto, en las polvorientas carreteras de África, en el anegamiento del inmenso bosque ecuatorial. No en el temor y el temblor ante lo desconocido, ante la revelación de lo diferente, ante lo indecible, que convirtió todos los relatos de viajes, por lo menos hasta el siglo XVIII, en el discurso de lo imaginario, entre lo admirable y lo horrible, sino en el negocio, la conversión, el comercio. La relación con el otro, con el extraño, con lo lejano ha cambiado, pero es en definitiva la relación con la realidad de cada uno de nosotros lo que se ha transformado más. Primero porque la imagen ha aspirado a calcar la realidad, transmitirla con su movimiento, su color, su vibración; luego porque la imagen, la misma, transforma la realidad y tiende un puente hacia lo imaginario, la emoción y las expectativas emocionales. De suerte que la autoría de lo real no se decide ya en la historia, en la política, en el asfalto de las ciudades o en el fragor de las trincheras, sino delante de las consolas, detrás de las cámaras, delante de las pantallas, y cerrad las ventanas, por favor, para que la luz del sol no nos moleste.

La distancia o el regreso están tanto más prohibidos cuanto que la exposición a la cultura-mundo se da en todo momento y en todo lugar. De manera casi permanente, para todas y para todos, en virtud del torrente de representaciones del que no se libra casi nadie, desde que la televisión por vía satélite se encuentra por doquier, desde que un humano de cada dos tiene teléfono móvil. No en la lejanía, a uno y otro lado de fronteras definidas, sino en la confusión, esa que alimenta todas las ilusiones del mestizaje, esa que permite tanto el bricolaje de las identidades culturales, como el de las cocinas étnicas o las religiones mosaico: un hueco para el budismo, otro para la Navidad, otro para Halloween. No en la construcción paciente de uno mismo, sino en la aventura de las seducciones del momento, léase saturación sensorial. La violencia es abrumadora: 300 millones de chinos navegan, 25 millones de chinos están enganchados a Internet, en veinte años han recorrido siglo y medio de historia cultural europea. Del tazón de arroz al 4×4 y al teléfono móvil, algún día habrá que medir lo que está en juego, y que no es económico. Esta exposición es destructora. Naturalmente, es la antesala de otra cosa. Pero ¿de qué? La única respuesta sincera es que no sabemos nada al respecto. Sea la cultura-mundo un momento técnico que no va a modificar más que marginalmente las culturas y las civilizaciones humanas, oleaje de la historia que la crisis hace que se estrelle barriendo inmediatamente las banalidades generales del planeta unificado como barrió ya las tonterías sobre el fin de las naciones. Sea eso que las sostiene y las transforma, porque cambia la condición humana del siglo XXI, porque es a la vez expresión de las técnicas de la cotidianidad y su organización en las vidas personales, hay que decir que es demasiado pronto, que la bruma es densa, que el sol no ha salido todavía y que no vemos nada de lo que hay, nada todavía que permita decir a qué se parecerá realmente un mundo determinado por una cultura unificada, ni cómo serán las personas que habitarán ese mundo con esa cultura, personas que habrán perdido los referentes de lo colectivo singular y de su particularidad distintiva.

2. La fábrica de lo mismo

> Todos somos parecidos
> más o menos desnudos bajo el sol.
>
> FRANCIS CABREL

Vale la pena formular la pregunta: ¿de qué hablamos? Aquí y ahora, la respuesta es singular; hablamos de lo que se acaba y de este acabamiento sacamos la luz que nos falta para el futuro. El tiempo de la fácil equiparación de cultura-mundo y Occidente, tanto en su musculosa variante americana, demostrativa y ruidosa, como en su versión europea, que aspira a la fraternidad y al entendimiento universales, ha terminado; lo que pasa en la cultura-mundo, lo que pasa de la cultura-mundo en nuestras sociedades escapa ya a sus emisores y escapará cada vez más. A pesar de Google, Wikipedia, YouTube o Facebook, a pesar del empuje americano en la Red, todavía abrumador, no somos ya los artífices del mundo. El relato prosigue lejos de nosotros, en Wuhan, en São Paulo, en Teherán, en Omsk, incluso corremos el riesgo de ser arrojados a playas que no conocemos. Herramientas que, en conjunto, son nuestras, están al servicio de fines de los que no sabemos nada; es aquí donde se detiene el Occidente globalizado. Estados Unidos y Google lo han experimentado en su diálogo con China; a pesar del *smart power*, la globalización ya no es americana y el mundo arrolla a Estados Unidos. El lujo y el gusto ya no son de Occidente. Las mismas técnicas que aseguraron el dominio de Occidente en la globalización de los mercados, confirmando la ley del número, la igualación de todas las formas de estética, aseguran el desplazamiento de la iniciativa cultural, o al menos la participación de todos sus consumidores-espectadores-creadores asociados.

La crisis ha producido un resultado evidente. Salimos de la globalización feliz, feliz para nosotros, que caracterizó la escenificación espectacular que se fue articulando desde principios de los años setenta hasta la caída del muro de Berlín y que alcanzó su plenitud con la ingenuidad de sus promesas en los años noventa. Y la cultura-mundo está en cuestión. François Jullien lo recuerda en *De l'universel, de l'uniforme, du commun et du dialogue entre les cultures:*[1] la cultura-mundo es la cultura de la confusión, no de las cul-

---

1. Fayard, 2009. [*De lo universal, de lo uniforme, de lo común y del diálogo entre las culturas*, Siruela, Madrid, 2010.]

turas, sino de los términos de su diálogo. Hablamos de universal, nos llenamos fácilmente la boca con esta palabra, cuando en realidad apenas hablamos de uniformidad, es decir, de la reducción de las culturas a la economía. Y decimos cultura, pero no tenemos más que los instrumentos de la cultura. De esta búsqueda esperanzada y exigente a la facilidad industrial hay un imperceptible trecho en pendiente que nos arrastra sin que nos demos cuenta. Pues la ilusión del diálogo permanente de las culturas, de su mestizaje, es atractiva. Supone el respeto, la seguridad y la propia estima, relaciones de interés compartido, reciprocidad y diferencia. Estamos lejos de eso. Lo que vemos, al cabo de tantos años, es un movimiento incesante de uniformización, de laminación de las culturas y las civilizaciones por el proyecto liberal, economicista e individualista: el proyecto del totalitarismo blando del enriquecimiento y de la separación del individuo de todo colectivo, condición del crecimiento económico que tanto se nutre de la infelicidad individual... Es, bajo las apariencias tornasoladas de la invocación de lo universal, la laminación sistemática de toda oposición al desligamiento de los individuos de lo colectivo, que los convierte, bajo la égida de los derechos humanos, en clones uniformes, movilizables, intercambiables, convencidos de que el mundo les pertenece y de que se lo pasan en grande. Es asimismo el repliegue de las sociedades sobre sí mismas, sus sobreentendidos, sus códigos, sus costumbres, su singularidad. Nunca por oposición frontal, nunca por voluntad, antes bien por disolución, por subversión y, en realidad, por indiferencia radical a lo que configuraba la dignidad de cada uno bajo la cobertura del relativismo. El tuteo espontáneo, por norma, es la característica de la negación de esa distancia que se llamaba respeto, que prohíbe meternos en lo que no nos incumbe, y que se llama no injerencia, abstención y discreción. La cultura-mundo se mete en todo, por norma, con todos, y no respeta nada; desculturación, en este sentido, destrucción de las distancias, de las diferencias, de las distinciones y de su sentido, que son el alma de las culturas humanas.

Por decirlo en pocas palabras, la historia reciente es testigo de que las culturas, elemento principal de la constitución de las sociedades humanas, de la reproducción de su núcleo político-religioso y de su pacificación interna, tienen orden de adaptarse al triple dogma del mercado, los derechos humanos y el interés individual. Nada que ver con la adopción, la inspiración, la selección de elementos venidos de otras culturas que comparten perfectamente, por ejemplo, la pintura francesa del siglo XVIII y el arte japonés; todo que ver con la normalización y el conformismo impuestos desde fuera. La cultura era el medio de experimentar la diferencia con los demás indicando nuestra alteridad con todos los recursos de nuestro espíritu, nuestro cuerpo y nuestras herramientas; desde esta perspectiva, formadora de la identidad colectiva, desde esta perspectiva también, eminentemente política, cuestión de poder, cuestión de fe, cuestión de elección. Iniciaciones, tatuajes, danzas, ritos, adornos y modas entran aquí tanto como el arte, o eso que llamamos arte. «La más bella para mí», tal es el eslogan elegido por una marca de lencería que celebra el autoerotismo como nueva cultura individual. Después de Internet, los juguetes sexuales y los «Restaurantes del Corazón», ¿queda algo que sólo el arte pueda dar? La cultura se ha convertido en la manifestación de lo semejante o lo uniforme, en lo que debe enseñar a cada cual que no es más que uno entre los demás, y como los demás; ante el suplicio de los campesinos bretones levantiscos, Madame de Sévigné no concebía, como recuerda Pierre Manent,[1] lo que podía ser el sufrimiento para un campesino; la cultura nos ordena ahora que en todo momento seamos Albert, Mohammed, Ehud o Tian-Tian, cualquiera, entre las mujeres y los hombres que sufren, entre quienes mueren, entre quienes son víctimas (inútil añadir aquí que ya no hay nadie que sugiera que también es posible comprender, compadecer, identificarse con el verdugo, con el guardián de campo, con el inquisidor; el modelo está agotado, ya no se reproduce, lo hemos relegado definitivamente al rango de los accesorios de feria). Se diría que es un progreso.

La historia, pues, ha cambiado la cultura. O bien ha cambiado de cultura. Pues el asunto no es sólo de grado o de matiz, sino de signo. La cultura dependía esencialmente de cosas que se dan y se transmiten, porque ahí hay cosas que distinguen, y calificaba de inferiores las obras que se venden, se contabilizan y se comercializan, las cosas corrientes que llevan consigo todas las facilidades de lo uniforme. Se ha convertido en una industria y, más aún, en una de las industrias con las que las sociedades asqueadas de la industria y cansadas de servir se inventan un futuro. Juan Sebastián Bach negociaba, y tenazmente, las condiciones de su salario con el príncipe elector de Leipzig, pero sus oyentes lo escuchaban gratis durante el oficio. Los padres fundadores de las cajas de ahorros francesas, aquellos grandes burgueses liberales de principios del siglo XIX, anhelaban que nuestros artistas difundieran entre las clases populares representaciones del ahorro, de sus virtudes, e ilustrasen los beneficios que aportaba a la vida de las familias; nosotros

---

1. En el *Cours familier de philosophie politique*, Gallimard, 2004. [*Curso de filosofía política*, Fondo de Cultura Económica, México, 2003.]

nos dedicamos a cumplir aquellos deseos. Adam Smith, a su manera, lo había comprendido: la economía tiene poderosas razones para interesarse por la cultura y para ponerla a su servicio. En eso andamos nosotros. La sociedad de mercado se ha apoderado de la cultura como fuente del creer y el soñar de las personas, ha hecho de ella uno de los factores principales, más aún, eficaces, de la globalización, del mismo modo que invirtió en los escombros de la segunda posguerra mundial, del mismo modo que adquirió una magnitud imprevista tras la caída del muro de Berlín y el derrumbe del imperio soviético. Ha llamado cultura a lo que uniformiza, a lo que disuelve los estilos, las formas, los colores y los sonidos mediante los cuales los ingenuos pretendían expresar su diferencia, mediante los cuales afirmaban que no eran iguales a otros: eso que ellos llamaban su dignidad.

Todos iguales, todos iguales...

Medio de diferenciarse ayer, medio de indiferenciarse hoy. Presencia tornasolada, múltiple, indefinida del mundo como historia y como geografía ayer, como fascinación y respeto por la diferencia, por lo distinto, afirmación obsesiva de su desaparición en lo sucesivo, desoladora unanimidad del bien, del desarrollo, de los derechos, y confusión generalizada de las personas, de las formas y de las relaciones hoy. El lujo guardaba relación con un territorio, con un saber, con una herencia, con un producto; los caramelos de menta de Cambrai, las sedas de Lyon, los pañuelos de Cholet..., y la corte del zar se proveía de guantes de Millau hasta el extremo de hacer que un hijo de Canat viajase desde Aveyron hasta San Petersburgo para tomar las medidas exactas de las señoras... ¡en 1909! Cada individuo sabía lo que debía a quienes lo habían precedido, cada individuo sabe hoy que el mundo es suyo y que todo le está permitido. El lujo está ahora en una marca que las máquinas ponen por millares de unidades en productos sin territorio ni origen: *Made on Earth by humans,* pero debidamente etiquetados por LVMH, Pierre Cardin o Gucci, y para más seguridad anunciando con grandes letras su procedencia: hasta el día en que el lujo se exprese con más sencillez, grabando el precio del bolso de mano, del reloj o de las gafas, con caracteres imborrables y fluorescentes, en el objeto mismo, porque el único y auténtico lujo actual es el dinero, o la capacidad adquisitiva del cliente, y la disolución de toda forma y de toda relación en el dinero es la consumación lógica y banal de la marca implicada.

La cultura era la cultura del origen, se heredaba y ligaba en el tiempo a los iguales y a los que dicha cultura definía como tales; ahora está obligada a volverse individual, esto es, elegible, adquirible, vendible, como cualquier otro producto. Era la acumulación de experiencias de generaciones pasadas, transmitidas a cada individuo, que permitían mitigar la incertidumbre del futuro, aceptarlas con buena voluntad y creer de buena fe que el futuro sería mejor. Máquina de transmitir unidad entre generaciones separadas por el tiempo; máquina de crear unidad entre contemporáneos separados por sus creencias, su origen y sus intereses. Ya no tiene razón de ser que hablemos de nuestra cultura, que veamos nuestra vida producida por ella; la búsqueda de la indeterminación, en la que se resume el proyecto liberal, debe también liberar al individuo de aquélla. Y tampoco tienen razón de ser que la cultura domine al individuo, el peso de la autoridad del pasado, los ejemplos de los maestros y el genio de los autores; mi cultura es lo que me place y lo que me sirve. La cultura era anterior a las existencias individuales, ahora está obligada a volverlas cómodas. Y diversidad cultural es el nombre que la cultura-mundo da a la segmentación de los objetivos y a la fragmentación del público para asegurar mejor el triunfo indiscutible de la vieja superchería de la unidad del género humano, que consiste en reducir al hombre a su naturaleza, negando su historia.

Ni distancia ni juicio: vivimos la desaparición de lo imaginario por saturación de imágenes. Los que están en un cine indican con su sola actitud la violencia de lo que sucede; el impacto de la imagen, del sonido, les sobreviene como una ola. Por la imposibilidad de retroceder, por la imposibilidad de guardar las distancias y la reserva, el cine es una técnica de posesión, y en las salas oscurecidas y rayadas de relámpagos, se entregan, se abandonan millones que no saben nada y aún menos comprenden lo que viven, o lo que vive en ellos. El mundo de la cultura, como el del arte, no es ya el que une por los valores que expresa ni por una irrealidad que hace compartir, se sumerge en la experiencia tangible y en la reproductibilidad sin fin. Prohibido que sea sobrenatural; prohibido que vaya más allá. Es aquí donde todo sucede, repite la cultura con determinación. Y es en esta vida donde hay que vivir varias veces, en esta vida donde hay que jugársela, en esta vida donde hay que convertirse en Dios para sentir realmente que somos.

3. La consumación liberal

En el origen de todo, el proyecto liberal, el proyecto de la libertad de la empresa humana, expresado por la indeterminación que debe sacar al hombre de la naturaleza, del origen y del azar. En marcha bajo el signo de la individuación y del crecimiento sin límites, promete el acceso a un mundo mejor. Pone en funcionamiento la representación imaginaria de la unidad del género humano para obtener el consenso sobre el fin de las naciones, que han puesto el marco para el ejercicio de la democracia, pero que se ven acusadas de todos los males. El vocabulario del pensamiento único europeo es significativo; las naciones sólo existen ya como anquilosamientos, frenos para la andadura de las cosas.

La andadura del proyecto liberal no ha concluido. Incluso se alarga con la histeria causada por la crisis y la influencia sin precedentes de los bancos y los mercados financieros que dictan su ley a los Estados; la ruina de éstos sería la suya. El elemento nuevo es la desaparición de la autonomía de las sociedades humanas a causa de la aparición del hombre pertrechado de derechos, soberano y exigente. Algunos de sus aspectos se anuncian entre ovaciones: un banco de inversiones de Nueva York concede a sus empleados el derecho a la indeterminación sexual, proponiendo devolverles el importe de las operaciones que les permitan cambiar de sexo; negamos las discapacidades mediante el diagnóstico prenatal que permite con antelación no dejar que nazcan más que niños sin problemas serios; vemos crecer el mercado internacional de la adopción de niños, que consagra el derecho de los ricos a comprar hijos a los pobres. ¡Qué imágenes del Bien radiante y sin escrúpulos inútiles las de Madonna adoptando a un niño africano, a pesar de que sus padres estaban vivos, en nombre de la vida mejor que sin duda tendrá... porque será americano! La cultura-mundo amplía el mercado de las personas desde que Robert

Badinter proclamó «el derecho individual a tener hijos».[1] ¿Cómo decir más claramente que no hay nada que el dinero no pueda comprar, y sobre todo niños, y sobre todo personas? ¿Cómo confesar con mayor firmeza que el advenimiento del individuo es al mismo tiempo la aniquilación de toda diferencia, de toda autonomía individual? ¿Y hace falta añadir que la cultura se ha convertido en la puesta en escena del crecimiento bajo el nombre de progreso y de la mercancía bajo el nombre de lujo? Lo sagrado actual es esta alianza del crecimiento económico y el derecho que asegura sus condiciones; ¿quién se atrevería a poner en tela de juicio la religión del desarrollo?

Puesta en escena

La cultura-mundo pone en escena el proyecto liberal, desembarazado del obstáculo democrático y de las formas sociales heredadas de culturas anteriores, bajo tres aspectos determinantes.

1 - Delante de nosotros, la unidad. Hablamos más de diferencias, de rupturas y de exclusiones porque lo que más vemos es que el espectro de la unidad avanza. ¿Quién cree todavía que viajar expone a la diferencia? Se multiplican los viajes entre lugares que se parecen, que, dramáticamente, cada vez se parecen más. Nos movemos frenéticamente para ir a alguna parte que nunca es otra parte; ya no hay otra parte. Somos los primeros en vivir en un mundo sin exterior; todo ha desaparecido: desde Lévi-Strauss, los salvajes; desde Google Earth, las tierras vírgenes; desde Fidel Castro,

1. *Le Débat*, 1988.

los otros: ¿en qué otro país, aparte de Cuba, vemos frases del «Líder Máximo» en las vallas publicitarias y no conminaciones a comprar? Somos la primera sociedad que quiere ser global y que ya no acepta lo exterior; ¡con qué arrogancia, con cuántos medios y, sobre todo, con qué ausencia total de dudas se dedica la religión del desarrollo a liquidar civilizaciones, creencias, organizaciones políticas y sociales forjadas a lo largo de milenios, destruyendo de paso un patrimonio esencial de la humanidad! La cultura ya no es el medio de relacionarse con el otro, como la cultura astronómica que permitió al jesuita Matteo Ricci ser mandarín en la corte del celeste imperio a finales del siglo XVI; la cultura-mundo es el medio de ser los mismos y de reducir a los demás a esta condición. La doctrina americana de la seguridad lo dice claramente al no aceptar ya la idea de adversarios legítimos. Contra nosotros no puede haber guerras justas. El mundo está organizado en función del objetivo único del crecimiento y el desarrollo, que quiere excluir toda forma de enfrentamiento que no sea el de los mercados, mediante la competencia y los precios. Ya no hay guerreros legítimamente enfrentados, con respeto mutuo y dignidad, ya no hay más que fuerzas de paz, fuerzas de contrato y de mercado a las que se oponen combatientes del mal o de la fe: de lo irreal. En este sentido, la cultura-mundo es una poética; crea un universo cuyas relaciones con el mundo real son mágicas, en el mejor de los casos, o están sembradas de minas, en el peor; cultura del mundo de Walt Disney en el que los leones no tienen sexo, en el que las personas no tienen color, en el que el sueño de un mundo artificial se exhibe con un impudor impasible, el de un totalitarismo del bienestar. Pasad, aquí no hay nada que ver, dice la cultura-mundo.

2 - Superación de las estructuras colectivas en nombre de los derechos humanos, que al menos en Europa se han convertido en derechos del individuo absoluto. Capacidad ilimitada para romper compromisos, para desligarse, para deshacer la relación con los demás, con la naturaleza, con la propia cultura y con uno mismo. La educación, la enseñanza, la formación son los escenarios de este drama; la desculturación va de la mano de la socialización, ese conformismo de niños y jóvenes que excluye el dominio de la lengua –¿con qué derecho pedir que los hijos de la diversidad hablen francés?–, pero que asegura el empleo a los jóvenes antes del subsidio del RSA. No puede haber educación sin discriminación ni selección, y sólo una sociedad que sabe lo que debe hacer y conoce sus límites puede legitimar sus instituciones docentes sin ser acribillada por el «¿y para qué sirve eso?». Porque sirve ante todo para ser francés, europeo, civilizado, en la diferencia, en la exigencia, es decir, en la confrontación con quienes son de otro mundo, de otra cultura, con aquellos a quienes les da igual este mundo, estas instituciones, y a quienes les da igual todo. La cultura propia se pliega sobre el individuo, no se despliega ya en una comunidad, en una sociedad singular, singularizada por su cultura: se pliega sobre el vacío. Entre individuos soberanos, atomizados, ya no hay nada que forme sociedad. Nada de sorprendente en eso. La sociedad política liberal intenta atraer a cada cual hacia la abstracción del sujeto de derecho, lo despoja de todo lo que hace de él un ser de carne y hueso, el pasado, el origen, los vínculos, una tierra y una historia, para volverlo fluido, líquido, móvil, indefinidamente. En este sentido, la cultura-mundo es una negación de la condición humana. En este sentido, los derechos humanos son la condición de la abolición de la política y del fin de la historia; o de su futuro desenfreno.

3 - Duro ejercicio la realidad. La música, la pintura, el cine, la literatura, la filosofía, la teología viven o sobreviven como pasatiempos y están obligados a convertirse en industria de la diversión si quieren prosperar. También ellos, como todo animal, toda planta, toda superficie de tierra, movilizados, reducidos a su utilidad. La expresión «industria de la cultura» habla por sí sola: en este régimen de verdad, la cultura se mide, nos apropiamos de ella, entra en esa categoría de bienes que se intercambian y se venden. La individuación no está ahí porque sí: por un lado, la desvinculación pone en el mercado lo que dependía del vínculo local, familiar o social, y que se daba gratis. Debemos a nuestro poder adquisitivo la cultura que debíamos a nuestro medio o a nuestro origen. La cultura tiende, pues, a realizarse en objetos, en momentos, en actos identificables; hay objetos que se llaman culturales, actividades que reciben el nombre de culturales y una industria que se denomina de la cultura. Accesorios decorativos de la vida que transcurre. No hay ahí cosas por las que combatir o morir. Hay una completa marginación de la cultura, ya no pasa en ella nada esencial, no puede pasar, lo que pasa, pasa en la economía. Y sin duda han desaparecido las condiciones de la producción de una obra de arte, a causa del conformismo y el consenso humanitario.

El número reemplaza el saber, el número elimina el gusto y la aristocracia del juicio. Tenemos un ejemplo en *Googlemoi* de Barbara Cassin:[1] la lógica invocada bajo los gloriosos auspicios de «cultura y democracia» es una lógica puramente cuantitativa en la que el número de clics expresa la calidad, tanto la de la amistad como la de las obras. Es la ley de Inter-

---

1. Albin Michel, 2007. [*Googléame. La segunda misión de los Estados Unidos,* Fondo de Cultura Económica, Buenos Aires, 2008.]

net, tanto de los motores de búsqueda como de las enciclopedias; el número expresa la verdad, la cantidad garantiza lo bello, lo bueno y lo verdadero. No estamos lejos del realismo socialista soviético: la masa nunca se equivoca, el artista plasma lo bello y lo bueno cuando educa a la masa. Pronto llegaremos a un momento en que, en los museos, se anunciará la estimación del precio del cuadro para determinar su valor. Por lo demás, en las grandes fundaciones americanas se hace público el valor de compra del cuadro. ¡Gloria a los donantes! El arte vale lo que indica su precio. Es un primer paso y habrá otros. En las universidades estadounidenses, los grandes ejemplares antiguos son grandes por su contribución económica. Quien paga siempre tiene razón. No tardaremos en llegar al extremo de que, en las universidades, se anuncie cuánto gana un profesor para saber si vale la pena escucharlo o si nos contentamos con leer los apuntes fotocopiados. A fuerza de saber hacer bien las cosas, pero no de hacer el bien, se necesita lo cuantitativo para apreciar lo cualitativo. Al organista que interpreta *El arte de la fuga* se le pregunta: «¿Cuántos tubos?», como Stalin preguntaba al papa: «¿Cuántas divisiones?»

La cultura-mundo inventa el relato de la humanidad pacífica, de la unidad del género humano, de la artificialidad de todo lo que separa a las personas. Repite con obstinación que todo el mundo es bueno, todo el mundo es amable y que las democracias no se declaran la guerra. En esto es una anticultura, se alinea con lo contrario de todo lo que históricamente ha constituido las culturas y que era la autoafirmación por la diferencia y la oposición. Lleva a cabo el mestizaje de las culturas, no la adición de lo mejor, sino la sustracción. Si la cultura-mundo es cultura de la indiferenciación por la cultura, de la diferenciación por el dinero y sólo por él, entonces es la aventura más acabada y más peligrosa que hayan tenido que afrontar las culturas humanas, particulares, circunstanciadas, originadas, y por ello mismo capaces de superar la condición humana, al hacer valer que otras cosas cuentan más que la vida, que existe algo que sobrepasa las vidas individuales y su desdicha cotidiana. En este sentido, puede que la cultura-mundo sea una cultura, pero no es una civilización. Y este abandono es lo que pone de manifiesto la crisis actual, crisis de enajenación del propio destino, crisis de dependencia consentida de las sociedades humanas, crisis del advenimiento del individuo como dispensa de toda afirmación y de toda capacidad colectiva para actuar. Crisis asimismo del bien y de esta formidable incautación del arte, y tras él de la cultura, por el Bien. El utilitarismo de toda política cultural se reduce tarde o temprano a la censura de lo que no es el bien. Y conduce a este crimen contra el espíritu: ignorar que la sombra y la luz dan lugar conjuntamente a las formas y los colores de las cosas, que el bien y el mal son las dos caras de una misma inverosimilitud: la vida. Quien oculta sus monstruos, los vive.

II. LAS SORPRESAS DE LO CONVENCIONAL

> Occidente está ciego ante las consecuencias de la globalización de la economía y de las costumbres.
>
> MARCEL GAUCHET, *Le Monde*, 2007

Nada más sencillo en apariencia que el funcionamiento de una cultura disuelta en su economía, en las condiciones de su producción, de su difusión y su censura. Nada más simple que el proyecto cultural moderno, que podría resumirse en la absorción-subversión de todas las culturas existentes en beneficio de una forma y un contenido universales. Nada se presta más al comentario, nada necesita más justificación que esta reconciliación de lo bello y lo útil, del sentimiento y la verdad. ¿No es el sueño secreto, desde Erasmo y Kant, que lo bello, lo verdadero y el bien armonizaran, y no es la bienaventurada promesa del mundo único?

Nada más manifiesto, nada más falso sin duda. Pues la figura se borra con el uso, el acontecimiento desborda su leyenda, el sol del bien propenso al abandono se llena de monstruos fríos y la aparición de otra cosa que no tiene nombre, y menos aún reconocimiento, se difunde y expande.

La cultura-mundo existe, pocas personas hay en esta tierra que no hayan tropezado con ella, aunque sólo sea bajo la forma de esos DVD de kárate procedentes de Hong Kong que los niños de una aldea de Kadjang, en lo más profundo de la isla Célebes, veían en la cabaña del jefe, la única que tenía electricidad en veinte kilómetros a la redonda: niños que acudían en procesión y se alumbraban en una noche sin luna llevando en la mano un puñado de luciérnagas, de manera que tenía a mis pies una montaña en movimiento... Todos tropiezan con ella porque ella se interesa por todos, porque nos quiere a todos, aunque no hay dos personas que la sientan del mismo modo, que se sientan incitadas de la misma manera. En su granja de Wyoming, en un terreno de cientos de hectáreas azotado por el viento, calcinado en verano, helado en invierno, y a cuarenta kilómetros del vecino más cercano, el granjero Ted –llamémosle Ted– no se retiraba sin haber llamado antes a sus perros, Kit y Sage, siempre en busca del escurridizo coyote o de la astuta liebre, y apagaba el televisor con un gesto irritado: todo eso son guarrerías de allá, aquí no nos hacen falta... Allá, imagino, era Hollywood, Nueva York o, peor aún, San Francisco; también él sabía lo que significaba cultura-mundo... Entre África y los países del Golfo hay cientos de millones convencidos de que la cultura-mundo es la expresión de la conspiración judía contra el islam, cuyo momento culminante fue el simulacro del 11 de septiembre; del mismo modo que los judíos ortodoxos denuncian los ídolos modernos y las maniobras de Satanás en esos aparatos que no conocen el tiempo ni la hora ni la estación ni el sábado, y que impiden que el hombre piense en Dios. En Casablanca, en diciembre de 2008, al acabar el ayuno, estuve junto a unas muchachas que vestían tejanos y miraban directamente bajo el velo mientras daban sorbos a una Coca-Cola, y en Karachi, en ese Pakistán que cede una parte de su territorio a la ley talibán y todo él avanza hacia la instauración de la ley coránica, los guardias de la zona franca donde permanecí retenido dos días se pasaban la noche buscando sitios X en Internet... La cultura X como modo de acceder a la cultura-mundo, ¿por qué no?

La cultura-mundo es el lugar de la paradoja y la apariencia engañosa, por no decir el de la confusión y la ilusión. Fue el lugar estratégico de la guerra fría, luego el de la hiperpotencia americana; ya no lo es. Fue el lugar de la soñada unidad del mundo, de un mundo menos sometido que poseído por Occidente; ya no lo es. Están las ONG, la solidaridad que llena las bocas y la fragmentación de las sociedades que lamina a las clases medias y hace del aislamiento la patología urbana moderna. Está la conciencia del mundo, el sentimiento planetario, simultáneo y convulsivo, que hace vibrar al unísono ante el espectáculo de lo intolerable, y está la cultura del cuerpo, del bienestar, el culto a la forma, a la perfección física y a la belleza programada de los campeones de sí mismos cuyos únicos espectadores son siempre ellos mismos, delante del espejo. Y está la cultura de la propia estima, de la autosatisfacción, la cultura de los psi y de las muletas de las almas en pena.

La profusa enumeración expresa, en la vacilación del espíritu y la dificultad de la síntesis, las sorpresas del futuro. Pues la sideración producida por la cultura-mundo procede ante todo, y casi exclusivamente, de la novedad radical de los instrumentos que la traen y de la fuente única de donde provienen los contenidos que éstos vehiculan. Se acabó. Pasado, sobrepasado. Los mismos instrumentos que divulgan las representaciones occidentales, los valores de Occidente, los modelos del mundo occidental, han agotado su magia, en adelante están a disposición de todos, de todos los que tienen primero la resolución, luego el público, de servirse de ellos. Y no faltan. Los mismos instrumentos que han celebrado la unidad por defecto –nadie para contradecirles o simplemente para competir con ellos– ofrecen ahora una dispersión infinita de puntos de vista, una parcelación espectacular de los discursos y, finalmente, la disociación de las conciencias. Y la mayor sorpresa podría estar perfectamente a la vuelta de la esquina, la apropiación de las formas vacías de la cultura-mundo por los contenidos llenos y macizos de las culturas, las que hayan sobrevivido al efecto inicial de la sorpresa, las que se resisten a la indiferenciación, las que encontrarán, en la agresión que hayan vencido, todos los recursos para sentirse más seguras de sí mismas.

1. El culto al vacío

> La experiencia que se vive se vuelve determinante. Desde entonces, el teatro y la orquesta determinan el arte. Puede que la vivencia sea el elemento en cuyo seno el arte se está muriendo.
>
> MARTIN HEIDEGGER

La cultura-mundo anuncia medios asombrosos, medios que revolucionan la experiencia física del mundo sensible. Tiempo real. Memoria ilimitada. Conexiones al segundo. Satélites en órbita. Y esos miles de millones invertidos, dólares o euros. Ella se confunde con ellos. El consumo de productos culturales agota la práctica: ¿a quién interesa una hora de piano cuando el CD de Samson François está al alcance del mando a distancia? ¿Y para qué dedicarse al canto, como hacían voluntariamente las familias alsacianas todos los domingos, cuando la Callas está congelada para siempre en una octava irreal? La reproducción sin límites, la disponibilidad permanente y lo excepcional al alcance del clic cambian las condiciones del arte lo mismo que las de la creación. Sus medios devoran la cultura. Su disponibilidad permanente cierra el acceso a ella. La cultura por un clic no es cultura de nada ni de nadie.

De creer en la amplitud sin precedentes, apenas concebible, de los instrumentos, hay que plantear la cuestión del final de la cultura. Tenemos los medios de la biblioteca universal, que además se alimenta sola: ya no hace falta sumergirse en la pesadilla de Jorge Luis Borges e imaginar esa biblioteca que toda la sociedad se dedica a clasificar, ordenar y consultar: Google lo hace muy bien por nosotros. Nosotros llevamos a efecto la memoria universal que permitirá a la «obligación moral de recordar» desplegarse infinitamente y producir la indiferenciación universal. La ficción del «Museo imaginario» ha quedado obsoleta con la consulta de obras por Internet o con el recorrido de las películas informatizadas que hacen el inventario de los museos. La cultura del mundo está a tres clics de distancia, pero ¿es nuestra? Y tenemos incluso los medios de la sociedad universal, los de la extensión del *doux commerce* a todas las personas que encuentran prótesis poco costosas, disponibles en todas partes y universalmente conectadas para conocerse, intercambiar, debatir y comprenderse. En noviembre de 2008, los estudiantes que me escuchaban en la Universidad de Wuhan me hicieron algunas observaciones sobre lo que yo había escrito dos años antes acerca del crecimiento de China... Hasta hace poco, un inglés o un francés podían decir aproximadamente lo que pensaban de los indios, de los chinos, etc.; se creían solos y en familia. Ahora ya es imposible. Imposible porque los primeros que leen lo que sea, escrito donde sea, que se refiera a China y a la India son seguramente los chinos y los indios, que reaccionan e intervienen si tienen la impresión de ser tratados injustamente, menospreciados o simplemente mal comprendidos. Testimonio del final de este estar en familia es un artículo aparecido en el *Herald Tribune* el 12 de marzo de 2009. Las condiciones del pensamiento han cambiado. Todos, desde el momento en que se expresan, se plantean, se publican ante la mirada de todos. El «cómo» está ahí, delante de nosotros, aún no acabamos de creer que hayamos salido de todas las determinaciones triviales de la distancia, el tiempo, la masa y el número. Es más difícil concretar el «qué», los contenidos de la cultura-mundo. No cuesta enumerar las manifestaciones espectaculares que merecen un momento de asombro, antes de cansarnos un poco. Bach dedicó *El clave bien temperado* a explorar las posibilidades de un afinamiento más exacto de las cuerdas del clavicémbalo, pero *El clave bien temperado* no es un manual de prescripciones técnicas. Leoš Janáček compuso una obra de una fuerza sorprendente, no a pesar de la gran pobreza de medios musicales, sino en razón de sus escasos medios musicales.[1] Y cuanto más disponibles están los objetos de la cultura, menos presente está el contexto: ¿quién podrá decir todavía «yo, aquí en Casablanca, en este 9 de abril de 2009...»? La misma cultura que ofrece el mundo retira los medios concretos de la obra, que son lo cerrado, lo estricto, lo experimentado, lo propio. El repertorio es demasiado amplio, los materiales disponibles son a la vez demasiado movilizables y demasiado abundantes para proporcionar al artista actual el punto de apoyo de su creación, a la persona culta el marco en que ensayar su experiencia, su sentir y su saber.

Estamos atrapados en la ficción de las herramientas, enredados en la facilidad de las ilusiones de la cultura instrumental, que sustituye todas las alegrías de la convicción, de la fe y de lo común por los placeres del instrumento disponible, de su manipulación, de su remontaje y desmontaje.[2] Lo real no une más que el interés. La técnica no forma más sociedad que la abundancia. Lo que reúne es el símbo-

---

1. Véanse las conversaciones de George Benjamin y Éric Denut: *Les règles du jeu*, Musica Falsa, 2004.
2. Véase, por ejemplo, el artículo de Joseph Nye y del almirante Owens, consejeros del gobierno Clinton, en *Foreign Affairs*, 1996: «La Red es el medio de fomentar una comunidad de Estados democráticos libres y prósperos.»

lo, al remitir a unos y a otros a algo superior y común. El «nosotros» nace en lo oscuro, lo secreto, el allende místico de la fundación, del homicidio común, de la sangre compartida. Es esto lo que no quieren ver los correctos apóstoles de una política de civilización; no podremos reconstruir la sociedad sin haber designado antes el homicidio fundador. Y no reconstruiremos ninguna civilización sin creencia, sin esa fe absurda para los demás, para nosotros solos luz en el camino (a modo de ejemplo de la palabrería conformista, véase el informe del Consejo de Análisis de la Sociedad, aparecido en mayo de 2009,[1] que hace auténticos malabarismos para abordar la descivilización actual de Europa... ¡sin utilizar ni una sola vez la palabra «inmigración»!). La obsesión por la transparencia es el resultado programado de la extensión indefinida de las redes, los sistemas, las organizaciones —de todos esos conductos que transportan todo o nada: palabras, imágenes, poder, esperanzas, vacío—, que hace que la economía del conocimiento caracterice a las sociedades que pierden el saber a medida que se dedican a comerciar con él. El culto a la transparencia amenaza con contagiar a escala universal lo que nos queda de contenido, lo que queda de sostén y distinción. Sirve maravillosamente a esta movilización infinita en la que Peter Sloterdijk cree ver el incentivo más secreto y más eficaz para la reducción de toda la existencia humana a la economía. Pero Sloterdijk plantea además la posibilidad misma de una obra de arte fundamental en nuestro mundo descontextualizado, en este mundo fuera del mundo y aplastado por sus instrumentos. Hay que pensar en un mundo sin obras de arte donde la postura del artista sirva para maquillar la movilización económica.

1. Luc Ferry, *Face à la crise. Matériaux por une politique de civilisation*, Odile Jacob, 2009.

Hemos tomado los medios de la cultura por la cultura misma, del mismo modo que quienes pagan un precio muy alto creen que es lujo cualquier cosa, incluso todo. Estamos ahí, delante de ese vacío, y no tardaremos en saberlo. ¿Saber qué? Saber si no habremos sido irracionalmente ingenuos al pensar, al afirmar que «el medio es el mensaje» (McLuhan) y que Internet, Facebook o Meetic determinaban los mensajes que se intercambiaban a través de ellos, las vidas que se anunciaban en ellos y los contenidos a los que prestaban una existencia inusual. Saber si una imagen dice alguna vez algo más que los comentarios que suscita, y no importa lo que diga sin ellos, sólo la obscenidad de su difusión planetaria. Saber si el límite de la cultura-mundo no será la misma vieja superchería que la que fomentaba el profesor Vandermonde de la Escuela Normal, en el año III de la Revolución, al anunciar que la democracia planetaria sería el resultado automático de la invención del telégrafo y al profetizar que «de los cuatro métodos para gobernar a los hombres, el empleo de la fuerza, el peso de la autoridad, el influjo de la seducción y el efecto de la confianza, ya no queda más que el último».[1] Sin duda. Sustituyamos el telégrafo por Internet y tendremos el discurso de los años noventa; todo el mundo sabe lo que viene a continuación: la fuerza y la autoridad tenían una cita con la historia, ¡y qué historia! En los escritos de los gurúes americanos, como en los de sus epígonos franceses, no es raro encontrar afirmaciones equivalentes; la Red como medio de amistad universal... Todas correrán la misma suerte.

1. Clase del 23 de marzo de 1795, citada por Armand Mattelart en *Histoire de l'utopie planétaire*, La Découverte, 1999. [*Historia de la utopía planetaria. De la ciudad profética a la sociedad global*, Paidós, Barcelona, 2000.]

Si la función central de toda cultura era proporcionar una clave común para la comprensión de la sociedad, del mundo, de la vida, la cultura-mundo persigue un objetivo muy diferente. No es necesario comprender lo que producimos. La cultura-mundo nos dispensa de la curiosidad, del respeto y de la distancia, que son las condiciones del entendimiento. Al servicio de la economización, al servicio también de la movilización ilimitada del individuo merced al crecimiento, la cultura-mundo vuelve en realidad ininteligible toda sociedad, para sí misma y para nosotros; ¿para qué comprender lo que tenemos que producir? No propicia la conciencia de sí, la trastorna mediante mensajes perentorios. No facilita la comprensión del mundo, la oculta a base de ideas convencionales y buenos sentimientos. Europa es el mejor ejemplo: mucho ingenio y muchos medios, pero poca inteligencia.

Toda cultura está hecha ante todo de elementos implícitos: de lo que hace que, al primer vistazo, nosotros seamos nosotros y que ellos sean los otros. Y toda cultura prolonga en lo implícito la sabiduría que desconfía del sol sin sombra, de los puros que no tienen manos y de las promesas de felicidad sin contrapartidas. La cultura-mundo denuncia lo implícito. Homicidio fundador, chivo expiatorio, ceremonias de fusión y olvido... Sótanos, catacumbas, mazmorras... Ahí escribió Cervantes el *Quijote* y Marco Polo dictó la historia de sus «viajes»... Queremos pasar por alto que el odio, los celos, el resentimiento y la envidia se crean sin cesar, incluso que son creativos, que son el origen de algunas de las mayores realizaciones de la humanidad, por encima del tiempo y de nuestra opinión. Pero la vida desprovista de su parte de sombra, de inmundicia y de sangre no es más que un sucedáneo, tiene apariencia de vida, pero sin lo esencial, sin lo que la pone al servicio de lo que es más que ella, y sabe que una vida que ignora lo que en ella es más que ella, no vale nada.

Sólo tienen derecho a hablar de cultura quienes estén dispuestos a morir, o a matar, para que Notre-Dame de París no se convierta en aparcamiento o en mezquita.

2. Canto de las liquidaciones

La cultura-mundo participa en lo más profundo de ese movimiento de liquidación del mundo que resume el dominio del liberalismo económico en el mundo desde hace aproximadamente dos siglos y que explica, si no su cercana caída, sí al menos las complejas dificultades a las que se ve hoy enfrentado y que serán, y que son, tanto crisis de la cultura-mundo como cultura de su desaparición.

La primera liquidación a la que se ha dedicado el liberalismo económico es la de la naturaleza. Hoy sufrimos sus efectos; la crisis de 2007 comenzó bajo el signo del petróleo a 150 dólares el barril, los tumultos del hambre y la escasez de comida. No hacemos más que entrever las consecuencias morales y políticas de un mundo pequeño, precario y limitado donde el cacareado dominio del hombre sobre la naturaleza conduce a que la naturaleza salga del campo de la experiencia humana y al marchitamiento de los símbolos que aportaba profusamente a la sabiduría colectiva y al imaginario político y religioso. Algunas de las representaciones más poderosas de la condición humana, de donde han nacido lo sagrado, los dioses y la magia del mundo, desaparecen desde el momento en que se rompe el contacto con la naturaleza. ¿Qué significan el pastor y su perro que reúnen a las ovejas, el lobo que merodea, la levadura en la masa, las espigas que la guadaña abate o el sol que sale con todo su esplendor, en la época de la comida de plástico, de las culturas lejos del suelo y de los cielos oscurecidos por la niebla perpetua de Pekín o de Wuhan? Todos estamos destinados a ser como los japoneses, que ponen un tazón, un poco de agua y tres piedras en un jardín y ya tienen naturaleza; nuestra cultura está condenada a ser nuestra naturaleza. Los efectos de esta abstracción merecen examinarse. Pues una gran parte de nuestras representaciones imaginarias, las que tienen en común los arahuacos, los venecianos y los askenazíes, desaparece con el alejamiento humano de la naturaleza, con la dispensa de los fenómenos naturales que son el objeto de la búsqueda del dominio infinito. La cultura era rural; a través de los animales era cultura de vida y de muerte, de sufrimiento y alivio, de razas y especies, cultura de los ritmos, de la duración y las estaciones, cultura de los límites, del trabajo y del esfuerzo, del clima y del azar. Cuando los asistentes a las veladas que se organizan en torno a la abuela y las bordadoras, en el corazón de Puy-en-Velay, se ponen a cantar: «Tierra mía, te tengo siempre en la piel..., sabes, tierra mía, que pronto volveré a ti», cantan sin saber que es el duelo por un orden milenario de la vida y la muerte que se confunde desde los orígenes con el género humano: el hombre es el primer animal que no tuvo miedo del fuego y que entierra a sus muertos.

La segunda liquidación es la de las formas sociales que sostenían, ligaban y estructuraban al individuo. Ésta es reciente y la fecha de 1968 le pone un tope simple, pero sólido. Hasta la liberación de las costumbres y el fin de la decencia, el capitalismo se apoya en modelos de comportamiento y en estructuras sociales que le son ajenas y que deben mucho al mundo de la religión o de la ideología; altruismo, gratuidad, responsabilidad, deber, son algunos referentes que explican por qué, después de todo, los profesores no ponen las mejores notas a los alumnos que les pagan y por qué la mayoría de los funcionarios hace su trabajo sin motivación económica, simplemente porque creen en el servicio del Estado. Los años sesenta, setenta y ochenta se esfuerzan en hacerla desaparecer en nombre de un liberalismo social esgrimido con entusiasmo por lo que no es todavía la izquierda de la izquierda ni un relativismo exclusivo: ¡prohibido juzgar! El liberalismo de las costumbres habrá realizado en una generación este prodigio: convertir la disolución de las formas y las estructuras que vinculaban al individuo y la colectividad, las comunidades en sociedad y las sociedades en sistema político, en un recurso, si no en el recurso fundamental, del régimen de crecimiento infinito. Liberación de la vergüenza, de la decencia, del conformismo social, pero ¿para qué? Para someterse a toda velocidad al mercado, a la movilización y la competencia generalizadas, a la contractualización de las relaciones humanas, de todas las relaciones humanas. Profesor de la London School of Economics, lord Layard nos explica el resultado: en los años sesenta, el 60% de los adultos estadounidenses pensaban que podían confiar en sus vecinos. Hoy son menos del 30%.

La tercera liquidación procede de la otra. Se pone en marcha bajo la férula del Bien, de lo Universal, y encuentra su fórmula en la declaración de los derechos humanos. Dice que nada humano debería sernos ajeno. Proclama que los derechos son los mismos para todos, que todos los individuos son iguales, que todas las diferencias tienen su lugar en el seno de cada sociedad y que ninguna discriminación debería tolerarse en nombre de una unidad interna cualquiera. Afirma y espera realizar en la práctica los derechos ilimitados del individuo frente a cualquier colectividad que quisiera coaccionarlo. Con ello relativiza las conquistas de lo que se llama civilización y que ha tomado la forma política concreta del laicismo, la democracia representativa, la ley del sufragio universal; se embriaga con las libertades individuales que ha inventado frente a las pasadas salvajadas del terror, el folclore, las naciones y las creencias. Con ello corona al hombre desnudo, al nómada, aislado, infinitamente móvil, desvinculado en todo momento de todo, libre de todo lo que no se relacione con su interés o con la idea que se hace de ello, y condena de antemano a toda sociedad constituida. Con ello sustituye al hombre concreto, de aquí y de los suyos, por el individuo abstracto definido sólo por sus derechos. Como es lógico, lo que se produce es el movimiento contrario. Como es lógico, la lucha contra las discriminaciones, por la igualdad de derechos y condiciones, reduce sin cesar la diversidad humana. La paridad es un instrumento eficaz para convertir a las mujeres en personas como las demás, y el respeto por las diferencias es la trampa tendida por Europa, que espera que el islam desaparezca progresivamente en la somnolencia verborreica de la TV vía satélite y de Internet, del mismo modo que conduce a los europeos al olvido de sí mismos. Todos son de los nuestros, de eso no hay duda, porque todos somos tan de los demás como ellos, es decir, humanoides en burbujas herméticas y bajo cámaras de vigilancia que se comunican mediante un teclado y se expresan con una pantalla por medio. Lo que preservaba la diferencia, lo que las discriminaciones estimulaban, ciertamente con injusticias, a veces hasta la exasperación, el liberalismo lo disuelve en la ausencia, en ese vacío guateado y cómodo de las grandes plazas europeas o de los billetes de los euros, en los que nada humano se vislumbra. 2010 se ha proclamado «año de la biodiversidad». ¿Para cuándo un año de la diversidad humana y del salvamento de las culturas, las civilizaciones y las identidades en peligro de extinción por la agresión de la cultura-mundo?

El mundo está delante de nosotros y no sabemos verlo. La profilaxis ha rebasado el dominio médico, se ha convertido en técnica cultural, y la política de los derechos humanos, la moral de la indiferenciación y de la no discriminación nos sirven bastante bien de coartadas para desentendernos totalmente de la realidad del mundo. El problema no es tanto la uniformización de todas las culturas en el seno de la cultura-mundo como la ignorancia convertida en cultura. Es conveniente y útil no comprender; comprender es empezar a desobedecer. Pues poner el mundo a disposición de la casta que toma el avión, que habla inglés y que ama las ONG trae aparejada una indiferencia ante el mundo que apenas oculta el desdén; además, el Tribunal Penal Internacional está ahí para dictar órdenes de detención, para detener y juzgar a quienes viven simplemente su historia, la historia de su pueblo, de su nación, y que saben que la vida y la muerte son el único juego verdadero.

En el límite de esta liquidación reina sin rival una neutralidad activa y autoritaria. Está prohibido lo sagrado y que se haga referencia a ello; está prohibido que nada sobrepase el interés individual, y todo lo que sugiera que se puede morir o matar por lo que no sea la propia vida está prohibido. La cultura no sale indemne de ahí. Se la invita a no determinar. Ya no debe discriminar. Se la invita a abandonar toda pretensión de trascendencia, toda función vertical, para ser un producto como los demás, que se entrega por encargo. Si la cultura es lo que sucedía a la naturaleza en la historia de la industria y del ingenio humanos, si la cultura y la naturaleza se oponían como dos orillas entre las que fluyen las obras y los sueños de las personas, el río ha abandonado su cauce y estos referentes nos faltan al mismo tiempo. Pues la liquidación de la naturaleza en tanto que naturaleza, es decir, gratuidad, sobreabundancia, infinitud, es también e irremediablemente liquidación de la cultura, o al menos de esa cultura que era transfiguración de la naturaleza; al haber perdido su punto de apoyo, cae igualmente en este extravío; producir la naturaleza es también, y en el mismo movimiento, producir la cultura, otra cultura. El fin de la naturaleza es también, y quizá sobre todo, el de la cultura.

Naturalmente, igualdad, naturalmente, indiferenciación. Pero ¿quién es más respetuoso, el misionero que cree en la virtud mágica de las máscaras y las quema porque cree en lo sagrado y ve en ellas una forma poderosa de sacralidad que amenaza lo que aporta él, el creyente, o quien ve ahí bellas formas decorativas, colores agradables, y las coloca en un museo, totalmente insensible a lo sagrado, a la magia y al hechizo que contienen? No es que yo quiera absolver al padre Laval, que organizó autos de fe con esculturas y máscaras en Rangiroa so pretexto de «educar a la población». Y no es que olvide a esos scouts camilleros que, en Lourdes y en 1972 –¡todavía!–, hablaron de ir a África a quemar ídolos; scouts que más tarde imagino que querrían entrar en alguna ONG. Sólo un creyente que aprieta en el bolsillo las cuentas del rosario puede comprender lo que vive realmente un musulmán cuando extiende la esterilla y se postra, o acercarse en un rincón de su conciencia a lo que sentían los *felahin* cuando se inclinaban ante la sombra multiplicada del faraón, invocando las aguas del Nilo y la lluvia para llenar los graneros. Lo que palpita todavía en los museos, en las iglesias, procede de lo sagrado. Y lo que alarga las colas que esperan en la puerta de los museos, lo que plantea problemas hasta ahora desconocidos en la regulación de la afluencia de visitantes a todos los grandes museos del mundo, lo que hace también que todas las nuevas megalópolis del Sur paguen para compartir el Louvre, el MoMA o un Van Gogh es sencillamente lo que hace que en las máscaras desarraigadas, robadas a su tierra y a los suyos por el muelle Branly, haya algo que todavía habla del horror de ser persona, de la dignidad de seguir siéndolo y de la vida que no se conforma.

3. *El poder desconocido*

Internet, telefonía por satélite, marcas de lujo, teleseries, oficinas y delegaciones que invaden los vestíbulos de los aeropuertos de toda Asia, paneles y bandas móviles donde desfilan sin cesar las cotizaciones de la Bolsa, los cambios de moneda...

El nombre francés actual del *soft power,* de eso que Hillary Clinton llama ya *smart power* y que consiste en reemplazar el enfrentamiento directo del campo de batalla o la competencia del mercado por los mecanismos ocultos, confusos, de las representaciones, las palabras y, por qué no, los sueños. Sí, los sueños, ese campo último y decisivo de las batallas que cuentan hoy, las que no tienen que librarse porque ya se han ganado, ganado en otra parte. Los misioneros lo habían comprendido perfectamente, el sueño era el Dios de los indios exterminados y sometidos de la conquista de los imperios azteca e inca; el sueño, ese Dios sobre el que los exorcismos y las hogueras de los misioneros no tenían influencia, esa tierra eternamente oculta al comerciante y al banquero... Y el sueño es ahora el campo de todas las colonizaciones, el terreno de las derrotas sufridas por aquellos a quienes, literalmente, se ha sorbido el seso; el sueño, que esparce por arrozales y bosques, por sabanas y selvas las imágenes del ideal americano y las promesas por siempre incumplidas de una vida mejor, de la vida como es allá, en aquel paraíso inactual que difunden sin descanso las series hollywoodenses.

La manifestación más presente de la cultura-mundo resulta desconcertante: es el orden. Cultura como llamada al orden, como ordenación de un mundo confuso y desorganizado. Cultura como medio de otro poder sobre el mundo, más ahorrativo, más discreto, más eficaz también. Cultura por medio del olvido y la ignorancia, ese olvido y esa ignorancia que permiten asegurar la dictadura del instante sobre las insumisiones del saber y de la historia, que permiten liquidar el pasado y prometen a cada cual evitar la corrupción del origen en la verdad del presente, establecer la superioridad del presente suprimiendo toda comparación posible con otros tiempos, otras sociedades, otros lugares. ¿Qué es la historia, corregida por el deber del arrepentimiento y la memoria, sino el pedestal pacientemente levantado a la superioridad enfática del presente? Conjurando el tiempo y el espacio, nuestra cultura estrecha la conciencia y suprime la imaginación. En esto procede del poder y lo sirve. Nada nuevo en este aspecto desde el *panem et circenses* de los romanos, desde la atención obsesiva a la censura vaticana y al imprimátur de los obispos, desde la vigilancia policíaca de los propagadores y difusores de libros perniciosos, de pensamientos perniciosos e imágenes perniciosas... Nada nuevo en la preocupación por evitar a las poblaciones la información, los discursos y pensamientos que podrían volverse contra su interés bien concebido, entendiendo por tal el conformismo en el trabajo, la resignación al orden y la obediencia a la ley y al señor. Nada nuevo en la idea, en el fondo banal, de que no todo el mundo es capaz de pensar, de que el juicio es un arte difícil y más vale evitar que la mayoría piense, juzgue y se aventure en dominios que no son para ella.

Sencillamente, los instrumentos han cambiado. Sencillamente, los instrumentos de la comunicación planetaria, del entendimiento universal, los que os ofrecen una red de amigos con tres clics y difunden vuestra foto hasta en las antípodas en tiempo real, son al mismo tiempo herramientas formidables para conformar, para reducir y normativizar el campo del pensamiento, de la expresión, incluso el del sueño, mediante la saturación de las facultades de sentir, ver y pensar. Sencillamente, el interés del consentimiento obtenido por impugnación, sugestión, adhesión espontánea es el de una inmensa economía del poder y de la responsabilidad, el mayor aún de una invisibilidad de la política y del Estado, que entonces pueden dedicarse a lo que realmente cuenta: hacer individuos aislados y convencidos de una libertad de la que exhiben signos deslumbrantes, una masa de individuos sumisos y a cual más conforme.

Vale la pena detenernos un momento en las nuevas condiciones de la cultura, es decir, del reclutamiento de la expresión, la creatividad y la voluntad humanas tal como quiere desarrollarlas el gobierno democracia con el nombre de *smart power*. Primero para constatar su importancia,

importancia manifiesta, dado que puede ganar las guerras que los ejércitos no ganan. Luego para calcular lo que significa apropiación de la cultura en la categoría de armas disponibles. Por último para apreciar los efectos de los cambios concretos de las condiciones de la cultura, esto es, de su difusión, de su accesibilidad, tanto como de la producción de sus bienes y servicios. Pues las condiciones efectivas de lo que impulsa la autoconciencia, de lo que fundamenta el debate político y la decisión pública, han cambiado radicalmente desde hace menos de veinte años, hasta el punto de que la llamada industria de la cultura podría llamarse con más justicia industria de la conformidad, hasta el punto de que las pretensiones de los artistas, de los creadores, de los ensayistas que quieren hacer progresar la conciencia y liberar al individuo deberían recibirse con sonoras carcajadas, en la medida en que su función comprobada, y por lo demás eficaz, es fabricar humanoides totalmente desprovistos de asperezas, de convicciones, incapaces de concebir nada que esté por encima de su existencia individual, y además incapaces tanto de defenderse como de atacar en nombre de lo que creen, dado que está prohibido creer en nada.

Describir este movimiento sería evaluar la caída de la enseñanza de lenguas extranjeras en las universidades estadounidenses,[1] el descenso del número de libros traducidos a otras lenguas, comprobar que en el tiempo de las bagatelas de la cultura-mundo jamás han estado las sociedades tan encerradas en sí mismas, jamás han sido las lenguas tan particularistas, tan intraducibles, y que jamás ha sido tan intensa la falta de curiosidad. Bajo la cobertura de la globa-

1. Véase sobre este tema la *Harvard Business Review* de mayo de 2009.

lización lo que está en marcha es el repliegue de las sociedades sobre sus elementos implícitos y su facilidad interna; a fuerza de tolerarlo todo ya no se cuestiona ni se pregunta nada, el efecto del sentimiento planetario es la indiferencia absoluta. Habría que valorar la pérdida del espacio mediador, de la distancia, de esa elegancia que eran los frutos de la cultura, en beneficio del cinismo y de la histeria que reflejan la incapacidad de aceptar lo que perturba, trastorna, desafía, una incapacidad política superlativa, a la postre una degradación moral y un retroceso de la civilización y de las costumbres. Y en Europa, sencillamente, habría que hacer la historia de la censura, del delito de opinión y de las sanciones multiplicadas, intensificadas, contra la expresión incorrecta. Hay que volver a leer la historia de la condena de Baudelaire por *Las flores del mal,* hay que volver a leer el drama que representó para Flaubert que lo acusaran de obscenidad, hay que acordarse de aquellos que fueron encarcelados, torturados, quemados, de aquellos a quienes se prohibió publicar, predicar y aparecer en público para oír hoy lo que los historiadores, los novelistas, los eruditos dirán de nosotros mañana, e imaginar cómo juzgarán la hipocresía de una época que tiene la palabra libertad en la boca y las tijeras del censor en la mano. ¡El país de los polemistas, de Voltaire y de Drumont reinventa el delito de opinión! ¿Se convertirá la «Libertad para la historia» (nombre de la asociación que preside Pierre Nora) en una expresión malsonante? ¿Obligarán el poder, e incluso la violencia, de los instrumentos de la cultura-mundo a restablecer el imprimátur y a ampliar el delito de opinión? Curioso desenlace para el individualismo proclamado este inevitable conformismo. Curiosa sociedad la del conocimiento, que sacrifica las enseñanzas de la historia y la geografía en beneficio del pensamiento correcto, uniforme y sin oposición. En definitiva, de lo que se trata no es tanto de reescribir y conformizar la historia como de prohibirla, y todo para que el movimiento de los pueblos, el juego de los intereses legítimos y de las diferencias irreductibles no vuelva a poner en marcha la historia que conduciría al despertar de las identidades colectivas y al deseo de comprender y juzgar para actuar.

Solo, el individuo conformado, normativizado, regulado, sin asperezas ni armas, encuentra su lugar en el edén individual cuya infraestructura de mantenimiento asegura de un modo tan perfecto la política. En la búsqueda de nuevas reglas para el redil humano, o el perro que conduce el rebaño, la cultura tiene un lugar de relieve, es el perro y es quien cierra el redil. Se reduce a variaciones sin talento sobre los grandes temas al gusto del día, el mestizaje, la diversidad, la unidad del género humano, la democracia planetaria. Sin ver que ya no hay ninguna posibilidad de que se haga realidad esa fábula para niños. Sin calcular el abismo de irrealidad en que arroja a sus víctimas, condicionadas a preferir el mundo de su pantalla, a no conocer ya más exterioridad que lo virtual y el tiempo que necesitarán para volver al mundo real, ese en el que se exacerban las diferencias, ese en que el odio, el resentimiento y la violencia desempeñan el papel que siempre ha sido el suyo, ese mundo de los renacimientos fecundos y de los nuevos comienzos radiantes.

III. LO QUE ANUNCIA LA CULTURA-MUNDO

Fin de las culturas, evidentemente. Y fin también del movimiento mismo, de la cultura-mundo. Pues la cultura-mundo es un escaparate. Y apenas oculta la liquidación del mundo. Ficción que dura todavía, escenario que tiembla con movimientos que pronto arrancarán el telón, se llevarán a los actores, a los espectadores y dispersarán para siempre los parlamentos nunca terminados... La reanudación de la historia, la ampliación y aceleración de las crisis nacidas de la confrontación con la escasez del mundo, el redescubrimiento de las verdaderas pasiones de las personas privadas de nación y expulsadas de la tierra y que por consiguiente ya no son sino étnicas o religiosas, dan pie a considerar un amplio material que es el de la poscultura-mundo. El nombre de lo que viene y que nadie o casi nadie espera. Pues el rodeo es muy grande y la desviación obligatoria, de vértigo...

1. *El nuevo camino*

Somos los primeros de la historia que se enfrentan a la pequeñez del mundo y al agotamiento de la naturaleza. Es el reverso inesperado del totalitarismo del crecimiento. La sobreabundancia, la gratuidad, la libertad de la naturaleza, eso se acabó. La sorpresa es grande. A punto de abandonar las relaciones de fuerza y los intereses efectivos para la compasión y los buenos sentimientos hay desórdenes, odios, caos sobre los que la razón ha perdido agarre. Al final de la indeterminación de los individuos por algo distinto de su voluntad está el choque con la escasez de los bienes vitales, y está la muerte. La revelación de que la muerte está ahí, siempre ahí, que es posible, que podría incluso resultar de la fuerza que nos empuja desde hace tres siglos es el efecto más sorprendente y más violento de la globalización. Interpela a la cultura-mundo, porque cambia las condiciones concretas de su despliegue y de su poder de atracción: crea un nuevo mundo.

1 – Mundo de regreso a lo físico y a lo real. Los automóviles tienen carrocería de metal, los plásticos se fabrican a partir del petróleo y tanto las viviendas como los edificios necesitan piedra, arena, madera y vidrio. Y el fuego extermina. El regreso de los bienes reales está escrito. El problema no son las conexiones con Internet ni el alto rendimiento, ni el mundo virtual ni los cambios, es el agua, el arroz, los árboles, el aire. La escasez era el hecho económico que la sobreabundancia hacía olvidar, generando repartos aberrantes de ingresos y patrimonios. El problema del acceso a los bienes vitales dominará el mundo futuro, con la previsible perspectiva de tener que racionar los bienes reales y presenciar un boom del precio de la vida; la evolución de los precios alimentarios, con una triplicación del precio del maíz, del trigo, entre enero de 2006 y enero de 2008 en el CBOT (el mercado de futuros de los productos alimenticios, con sede en Chicago), nos da un ejemplo de lo que sucede y de lo que hay realmente en juego.[1] La penuria alimentaria es una realidad probable para los diez próximos años. Comportará movimientos migratorios de una magnitud desconocida; las personas van allí donde la tierra las alimenta. ¿Hace falta añadir que la conflictividad es el efecto inmediato de una situación así? Volvemos al mundo de la primera globalización. La riqueza de los bienes reales vuelve a ser la primera riqueza. Y la cultura será cultura de la escasez, cultura del ahorro y la salvaguarda, cultura del respeto, la abstención y la moderación.

1. Cf. Jorgen Moller, «The return of Malthus», *The American Interest*, julio de 2008.

2 – Mundo contado, pequeño, limitado; no habrá mundo para todos. Las promesas de los fondos marinos que rodean a las islas Malvinas despiertan las rivalidades entre Gran Bretaña y Argentina, las riquezas del Ártico originan una nueva competición por el polo y la apertura del legendario paso del Noroeste al tráfico marítimo revoluciona el mapa estratégico. Cada una de las potencias afectadas planta su bandera, traza sus posiciones y fija su estrategia. En un mundo finito, lo que se lleva uno se le quita a otro. Esta transformación rebosa de consecuencias tremendas para las relaciones entre los individuos, las comunidades y los Estados; nadie se atreve a prever lo que puede pasar si realmente no hay para todo el mundo: aire, agua, espacio, comida. En términos concretos, cada pasajero de un vuelo París-Tokio, cada automovilista que desafía los radares y va de París a Niza a 180 km/h quita a otros el aire que respiran. La cultura del individualismo, es decir, de libertad extrema en el empleo del espacio público y en la apropiación privada de bienes comunes, choca contra este mundo finito. El mundo, nuestro mundo, se ha acabado. A pesar de la advertencia de Paul Valéry, aún no somos conscientes de ello, habituados como estamos a una naturaleza gratuita, inagotable y cuya vitalidad borraba todos los crímenes; eso se acabó. Y no calculamos lo que significa que 6.500 millones de personas deseen lo mismo; más de la mitad tendrán teléfono móvil el año que viene. Es el precio de la hoguera de la diversidad cuyo fuego atizamos nosotros. La cultura-mundo dirige deseos infinitos hacia un mundo finito, es imposible que todos dispongan de medios para satisfacer sus deseos y harían falta nueve planetas para que la población mundial viva según los modelos californianos. También en esto la cultura-mundo es culpable de la desaparición del mundo.

3 – Mundo trastornado. Este trastorno es de la máxima importancia cultural, dado que significa que Occidente pierde irremediablemente la iniciativa del mundo, por su incapacidad para exportar a su gente, incluso por su incapacidad para conservar sus territorios; los politólogos estadounidenses, que ya consideran Europa tierra islámica, no piensan que la cultura-mundo haya vencido, ni siquiera que sea irreversible en Europa... Y el fundamentalismo y el extremismo musulmán no amenazan solamente en el golfo Pérsico o en Irán. El hecho demográfico es implacable: países antiguos, ricos y vacíos atraen a los habitantes de países pobres y jóvenes. La información es fundamental para la proyección de las culturas; demografía y geografía económica se aproximan después de haber estado totalmente separadas.[1] Antes de 1820 la India y China eran los dos países económicamente más activos del mundo, muy por delante de Gran Bretaña y Francia. En siglo y medio, su densidad demográfica ha representado un obstáculo determinante. La globalización les ha permitido utilizar su única arma: el trabajo gratuito. Aprenden, acumulan, invierten. En menos de veinte años estarán entre las tres primeras potencias económicas mundiales (a condición de que se mantenga su estabilidad política interior). Los llamados países «en vías de desarrollo», que concentran el 80% de la población mundial, producen más del 55% del PIB mundial, en paridad con su poder adquisitivo. En 1960, Europa estaba más poblada que África. En 2030 la proporción será de uno a tres, 500 millones de europeos frente a 1.500 millones de africanos (Jeffrey Sachs calculaba en agosto de 2008 que la población africana será de 1.800 millones en 2050); y el

---

1. Sobre este tema, véase Richard Rosecrance, «Size matters», *The American Interest*, julio-agosto de 2008.

crecimiento económico de la mayor parte de países africanos se sitúa hoy entre el 5 y el 10%, a causa de los precios de las materias primas. Sólo un etnocentrismo inveterado nos ha hecho creer en una superioridad congénita que al parecer garantizaba la aberrante situación, prevista todavía en los años noventa, de que el 80% de la riqueza económica de la humanidad estuviera concentrada en menos del 10% de la población del globo; ¿y qué decir de la reciente concentración de la iniciativa cultural, del poder de emisión de representaciones y símbolos?

4 – Mundo de descomposición-recomposición de lo común, entendiendo por lo común lo que diferencia a los miembros de un grupo humano que se autodetermina. La cosa funciona porque los individuos no son tontos racionales, pero cuando lo son, por ejemplo en Lehman Brothers, Citigroup o Merrill Lynch, entonces la economía explota. Como algunos, a decir verdad muchísimos, conservan ideas tan ajenas al proyecto liberal como el interés colectivo, la honradez en el intercambio, la sinceridad y el amor por el trabajo bien hecho, puede estar asegurado el mínimo imprescindible de confianza, de tolerancia y de flexibilidad. Son los que asumen la parte no contractual del funcionamiento colectivo; son los depositarios del elemento implícito sin el cual una sociedad se bloquea; sacan provecho de la gratuidad de los sistemas cooperativos, formales o informales, contrapartida indispensable de la intensidad competitiva de los sistemas de mercado, y mantienen viva una cultura de las relaciones humanas basada en la gratuidad, en el estar juntos y en la exclusividad del grupo. De ahí el sorprendente fenómeno de que, en el momento en que parece consumada la salida de la religión, ésta siga siendo igual de estructurante en el debate público. De ahí el carácter con-

fusionista de las llamadas a la moral, a la ética, precisamente en las sociedades en que en principio sólo cuenta el interés individual. De ahí las llamadas continuas a la solidaridad en las sociedades que han expulsado todo vínculo y toda filiación de su centro común. De ahí la ambigüedad esencial de Estados Unidos, país injustamente identificado con el liberalismo, cuando es el vigoroso fondo de virtudes individuales y el tupido entramado de los compromisos colectivos lo que hace que esta sociedad se mantenga viva de cara a un nivel de competencia y competición desconocido en otros lugares. Para un estadounidense, serlo no es un detalle de su historia, sino una particularidad fundadora.

El efecto es visible; bajo la capa ideológica del liberalismo, con sus diferentes espesores, hay una corriente que sube de las grandes profundidades y que tiene menos que ver con la naturaleza que con la preocupación de cada día: sobrevivir. La primera inseguridad que se ve venir directamente, o indirectamente por sus efectos sobre los comportamientos colectivos o individuales, es la del medio de vida; y procede muy sencillamente de las incertidumbres sobre la capacidad de sobrevivir de los seres humanos en su medio. Bajo el signo de la supervivencia, en nombre de la política de la vida, aparece un movimiento muy distinto del liberal:

1 – Superación de la economía tradicional, esa en la que se basan las comparaciones internacionales, las medidas del desarrollo, y sobre todo esa que dirige de hecho nuestras sociedades desde que el liberalismo hizo del crecimiento una obligación absoluta. Tenemos que entender una vez más que el mercado es una institución, es decir, una persona moral dotada de un poder convenido colectivamente, y que nuestra economía de mercado ha muerto en la forma que le dio

la primera revolución industrial. Dicha forma postulaba la gratuidad de la naturaleza y de los recursos naturales. Pero éstos no sólo pueden agotarse, sino que están en vías de agotarse, y dado que la supervivencia es lo primero, lo segundo será la serie de seguridades que se nos den. La carrera de los bienes reales ha comenzado. Tendrá consecuencias inesperadas. Alejarse, separarse, aislarse, será un lujo. El virtual es el único espacio donde será posible lo que la saturación del mundo real prohíbe.

2 – Regreso de los territorios: donde las personas viven, respiran, se refugian, comen, se reúnen, eso es lo que cuenta. La política de la supervivencia no será más que una política de los territorios, de la ciudad y las autoridades locales. Descubrimos esta paradoja. Para abordar los fenómenos universales y mundiales del medio ambiente son menos necesarios los organismos internacionales que Estados en plena posesión de su territorio. Es el tema del *State's building*, que ocupa un lugar entre los nuevos principios fundamentales de la Defensa estadounidense.

3 – Desestabilización del orden económico, es decir, retroceso acelerado de la fe económica, que causará angustia moral y existencial, y ésta a su vez la búsqueda desesperada de lo colectivo y las identidades. «El trabajo es la mejor policía», decía Nietzsche; ¿qué ocurre cuando se trata de limitar la guerra a la naturaleza? No sabemos hasta qué punto, bajo el signo de la indeterminación, hemos fabricado seres aislados más que individuos, es decir, seres sin referentes, sin estructuras, en consecuencia capaces de todo, y de todas las violencias. Es el precio de la globalización y de la violencia con la que, so pretexto de tolerar y respetar, hemos borrado la diversidad del mundo, cerrado los nichos

geográficos y ecológicos donde otras personas tejían su historia al margen de la nuestra. Las hemos invitado, obligado a entrar en la nuestra, bajo pena de muerte; ¡qué ejemplo la tentativa de reducir a las últimas tribus libres de la frontera afganopakistaní o de liquidar a las poblaciones de los altiplanos indochinos o bolivianos, en nombre de la salvación improbable de los drogados de Harlem! No hemos calculado hasta qué punto íbamos a dar la salida en una carrera de las identidades cuyos primeros efectos ya están ahí, indescifrables según nuestros criterios económicos y jurídicos. El recurso a las intermediaciones colectivas para asegurar la supervivencia ya ha comenzado; nadie se bate totalmente solo, nadie dura solo mucho tiempo. La cultura que vendrá será el medio de las separaciones vitales y de las identidades fundadoras.

4 – Búsqueda de poder. Ante las amenazas vitales, ante la presión del desarrollo, ante la violencia del totalitarismo de la economía, el retorno o el acceso al poder es una aspiración de pueblos e individuos víctimas del desarraigo y el aislamiento y cuyo orgullo es o será el primer motivo para actuar. ¿Quién explicará lo que significa para el futuro de Europa el orgullo devuelto a los rusos por Putin después del saqueo de su tierra en los años noventa? ¿Quién explicará lo que significa para China y la India la conciencia de acabar con dos siglos de saqueo y humillación? ¡Y quién valora que el islam representa, para centenares de millones de hombres y mujeres condenados a la desgracia del individuo consumidor, la única vía abierta hacia la dignidad! Sólo las colectividades poderosas garantizarán a los suyos las condiciones de la supervivencia, por la fuerza si es preciso. El poder político y militar no puede dejar de aparecer como salvaguarda para quienes se sientan inermes ante el mercado y

las reglas de la economía. Y la conjunción del alza de los precios de los bienes reales, del desarrollo y la difusión universal de los sistemas y métodos a este efecto: el poder une a la población y se acerca el momento en que los dos países más poblados del mundo estarán también entre los tres más poderosos, los primeros emisores de signos y representaciones. Un universal chino, indio, turco...; ya estamos en ello y vemos sus primeros efectos.

2. *Los tiempos bárbaros*

La cultura-mundo hace desaparecer el mundo. Pero el regreso de la escasez la barrerá. Todo lo que ha encubierto, la muerte, el sufrimiento, la violencia, la pasión, la poesía, la responsabilidad, reaparecerá con fuerza.

Entre los escombros de lo que fueron las culturas, todo puede aparecer. Todo puede entrar en juego. Y principalmente, en el inmenso vacío ahondado por la desaparición de lo sagrado, la ruina de la propia estima y la confusión galopante del mundo que destruye las singularidades.

La cuestión de lo sagrado viene planteada por la desaparición de lo religioso, su relegación a las infraestructuras. Esta desaparición no es sino el efecto del aligeramiento de la vida y la anestesia generalizada de las existencias particulares. En todas partes donde se manifiestan fuerzas colectivas, sea en Jerusalén o en Kabul, la tarde del 11 de septiembre o ante las secuelas del huracán Katrina, a raíz del terremoto de Haití, la catástrofe de Henan o el sunami del sureste asiático, incluso ante las matanzas que siguen vaciando de habitantes el centro de África, en el norte del Congo, se manifiesta lo sagrado. Es el otro nombre de la identidad o de la separación. Es lo que distingue. Es lo que viene a decir que la tarjeta de crédito no sustituye al documento de identidad. Es lo que pone fin al apartheid entre los iguales, los que tienen un Dios, una fe o una tierra en común.

La cultura-mundo se empeña en hacer desaparecer esas ocasiones de contento y estima de uno mismo. El resultado más seguro de esta evolución, incluso de la voluntad de que todos accedan a la cultura, es una desposesión. Donde los pobres sólo eran pobres de dinero, pero tenían una cultura original y fuerte, y podían vivir con desahogo, e incluso con una riqueza moral y psicológica considerable, en dominios donde el dinero no desempeñaba más que un papel marginal, borroso, olvidado, la entrada de la cultura en el mercado los ha desposeído, al igual que la globalización y la adhesión confiada o forzada a la cultura de mercado los ha privado de esas deliciosas singularidades, de esas minúsculas particularidades que los situaban fuera del mercado y por encima de los precios. Aún sobreviven aquí y allá, en los márgenes, lejos, hombres y mujeres que saben lo que quiere decir cultura francesa, cultura republicana, cultura cristiana.

Claude Lévi-Strauss lo recordaba, no hay más bárbaros que los que consideran tales a los demás. Con este rasero, ¿nos damos cuenta, nosotros que nos hemos entregado a la guerra contra el Terror, nosotros que denunciamos todos los días a nuevos pedófilos, nuevos racistas, nuevos extremistas, nuevos cómplices del comunismo, nosotros que todos los días ponemos en el Índice nuevas palabras, nuevos autores, libros, temas, opiniones, ideas, nos damos cuenta de que somos los nuevos bárbaros, bastante presentables pero bárbaros? Nosotros, que a poco que se tercie ponemos a nuestros antepasados, a los que les hicieron la guerra, y a todos los que los precedieron, en la categoría de los bárbaros de los que nos apartamos con horror declamatorio –eran blancos, varones y cristianos–, ¿sabemos a cuántos bárbaros estamos preparando en nuestras escuelas, nuestros institutos, nuestras universidades, esos centros donde ya no se sabe hablar francés (pero ¿no es discriminatorio hablar francés?)? Con una ignorancia absoluta, entre risas y murmullos ávidos, somos los ingleses que saquearon el Palacio de Verano con sus comparsas, los soldados franceses, perdidos en la capital del Cielo. Es el precio de la guerra sin tregua que se libra contra la historia, la geografía y, más aún, contra los pueblos del mundo: contra sus singularidades, en beneficio de la uniformidad del Kulturmundo.

Nuestra nueva barbarie es la del conformismo, la de la norma y el derecho, también la de la indiferencia. Cada día desaparece una lengua, cada día se encoge un poco más el espacio de que disponen las últimas comunidades humanas, exceptuando a los evangelistas y los comerciantes chinos, y cada día se socavan un poco más formas sociales milenarias, con su andamiaje de creencias, ritos y costumbres, arrastradas por la marea de las representaciones de la técnica y de Occidente. No es casualidad que el inmenso campo abierto por los etnólogos siga tan poco explotado por la filosofía y la ciencia política. ¡Cómo imaginar que los aztecas equivalgan a otra cosa que a sacrificios humanos, que los ibanes nos enseñen otra cosa que el arte de la cerbatana y que las iniciaciones bárbaras, bárbaras para nosotros, de los jóvenes indios tengan algo que decir sobre el género humano y sobre nosotros! ¿Quién puede creer todavía que esas fantasías o antiguallas como el Antiguo Testamento, el Corán, los

Evangelios, puedan hablar a los habitantes del presente, al ciudadano revisitado por el mundo de la cultura? Liquidación, sí, y en proceso de conclusión. Ignorancia, en vías de desarrollo, no hay duda. Pero más aún, barbarie naciente de quienes arrojan la diferencia y la historia a la nada, de quienes piensan que la inmensa diversidad de la experiencia humana no puede ya hacer nada por ellos, y que aquel gobernador inglés que al descubrir el sistema de castas dijo «¡qué horror!» tenía en el fondo mucha razón.

Con todos los honores, y bajo los gruesos tomos de *Los lugares de la memoria,* lo que vemos es la desaparición de la historia como actualidad y como enseñanza para el futuro. Deber moral de recordar, sin duda. Cuando hay víctimas con herederos, cuando hay daños e intereses y restituciones posibles. Por lo demás... Esta desaparición de obras maestras en peligro se lleva a cabo sin una mirada atrás y generalmente sin remordimientos, en nombre de la universalidad de los principios europeos y de la superioridad manifiesta de Occidente, en nombre de un sedicente respeto por las diferencias que apenas oculta un menguante interés por las sociedades, las costumbres, las normas realmente distintas de las nuestras. Ya se trate de estructuras que garanticen a cada cual un papel modesto pero seguro y reconocido en la sociedad, ya se trate de ritos que hagan de cada cual un miembro igual de la comunidad, ya se trate de formas sociales o religiosas con que cada sociedad ha tratado de precaverse contra esos demonios que son el cinismo, la desmesura o el desorden, todo esto se ha presentado como pérdidas y ganancias de la individuación y la modernización, como si la propia estima, la felicidad individual y la realización colectiva fueran un privilegio. Ignorancia, sin duda, fatuidad y presunción, más si cabe. Sobre todo falta total de respeto por lo que es realmente ajeno, por lo que choca, por lo que escandaliza y manifiesta una diferencia irreductible, y que precisamente por esta misma razón habría que interrogarlo, escrutarlo, preservarlo con el respeto debido a las manifestaciones más extremas del genio humano. Las castas de la India, las ceremonias de iniciación en África o en América Latina, tanto como los ritos católicos u ortodoxos, la vida monástica o la de los hasidim, los pescadores vezos de Madagascar o los bugis indonesios, nómadas del mar, tanto como los granjeros de Aubrac o los criadores de animales de Wyoming, son obras de arte vivas, transmiten tesoros de invención y adaptación humanas, y el trato respetuoso con ellos, el tuteo prolongado con ellos, cuando son experiencias que se viven, contienen más cultura verdadera que todos los museos de arte primitivo que ofenden a los dioses muertos y la magia extinta de las máscaras.

La cultura-mundo ha acelerado el abandono de las fronteras, de las instituciones y las autoridades, las ha convertido en dogmas, está totalmente capacitada para crear las condiciones de conflictos incomprensibles, violencias irreprimibles porque no hay autores reconocibles, confesados, declarados. Estamos cerca del momento en que todos podrán comprobar que las condiciones del ejercicio de los derechos humanos, de la no discriminación, de la igualdad hombre-mujer son extraordinariamente difíciles y muy infrecuentes, pues suponen un esfuerzo colectivo, un capital estructural y una moral colectiva e individual sostenida por las instituciones de una gran magnitud. Y estamos cerca de descubrir que son reversibles, incluso allí donde las teníamos por conquistas, expuestas a la descivilización que comporta toda sociedad que no sabe a qué debe entregarse. La reaparición de la esclavitud, la reaparición de la violencia en las relaciones sociales y humanas, la reaparición de las manifestaciones crudas del poder vinculado a la riqueza o a la fuerza, harán que retrocedan unos derechos adquiridos al margen de toda consideración por aquello que les había dado origen. Ha llegado el tiempo de la violencia sin planes, de la guerra sin ejércitos y de los conflictos sin límites porque no hay fronteras. Las tensiones que se desarrollan enfrentan a grupos que no saben gestionarlas porque con el tiempo han llegado a la conclusión de que ya no hay motivos legítimos para los conflictos o las guerras, porque los han educado para considerar ilegítima toda violencia, porque toda la experiencia humana se ha reducido a lo racional, a la organización, a la diversión. Si la cultura-mundo es el lugar del vacío soñado por el liberalismo, ese lugar de donde se ha excluido todo juicio, toda afirmación, toda singularidad, es también el lugar que lo hace posible todo, y que hará efectivo lo peor. La pérdida de referentes, de estructuras, que es la tónica de la mayoría de los europeos, ejerce ya y ejercerá un efecto considerable en el paso a la violencia; porque la libera, porque arrolla todos sus obstáculos y ya no tendrá más límites que los que la sed de enriquecimiento o de placer hayan tenido antes de ella. Y las guerras que vendrán no serán obra de ninguna institución, de ninguna fuerza constituida como pudieran serlo las naciones, los reinos o los imperios, como lo eran también las religiones o las sectas, y no serán ni guerras nacionales ni guerras civiles, sólo serán inexpiables.

La cuestión es crucial. La extensión de la cultura-mundo y el desbordamiento de los límites que exige, y el desarme de las culturas locales, regionales, nacionales que entraña, lejos de preparar la paz, se inscriben en el proceso de explosión de la violencia generalizada, tanto más terrible cuanto que carecerá de marco, de estructura, de fines bélicos; tanto más terrible cuanto que, sin honor ni fidelidad, enfrentará sentimientos, compasiones, opiniones, más que intereses basados en una justa medida de las cosas. Y el movimiento que universaliza el contrato, el mercado y el precio es el mismo que prepara la guerra de todos contra todos, empezando por hacer de la vida un objeto de contrato.

3. *Las delicias de la cultura del yo*

La denuncia es fácil, verbosa y reiterativa. No escatima ni las trampas de la nostalgia ni el vértigo que todo comienzo produce entre quienes no están en el origen. Resulta fácil multiplicar las oposiciones entre lo que eran las culturas, las verdaderas, y lo que es la cultura-mundo, presuntamente falsa, barnizada, superficial, etc. No todas son retóricas. No lo son ni siquiera en la relación con lo sagrado, con la trascendencia, que no ha sufrido menoscabo en el núcleo de su supuesta capacidad para salir de sí y del resto de heteronomía vigente en las sociedades liberales, tan poco liberales en realidad.

¿Y si precisamente estaban allí sus virtudes primitivas? ¿Y si la cultura-mundo, por estas mismas particularidades, era lo que conviene al aligeramiento de existencias liberadas del miedo, del sufrimiento y de la vida breve y brutal que describía Hobbes como origen de los regímenes políticos que veía? ¿Y si la desculturización observada por doquier y con frecuencia lamentada era la condición radical para que al final se produzca lo nuevo? ¿Y si la cultura-mundo era el lugar donde se inventa el régimen político de las existencias liberadas del miedo a ser, del miedo a los otros y de esa seguridad que nace de la separación? ¿Preguntas ociosas? Tal vez. O tal vez esenciales, si la cultura-mundo persigue la instauración de una nueva condición humana, a través de una nueva relación con lo real y los demás, a través de un nuevo régimen político en el que la conformación de las ideas y la saturación de los sueños aseguren la pacificación entre individuos que no se cruzarán más que para funciones precisas, el amor, la producción, el juego, etc. Las grandes obras serán desterradas, lo mismo que las ideas que perturben el buen orden del mundo. ¿Quién se quejará de esta amable anestesia en la que todo converge?

El éxito, a decir verdad, es hoy en día notable, tanto más cuanto menos espectacular es. Se inscribe en la andadura tortuosa y encubierta de la sociedad liberal, arrastrado por el movimiento del individualismo absoluto. El instinto lleva a cabo lo que la autoridad ya no manda. El interés individual ordena las acciones como ninguna organización social sabría hacer. La adhesión ahorra la coacción. La representación, mediante la fabricación de un deseo uniforme, consigue una adaptación de las costumbres, los comportamientos, las opciones que ningún proyecto justificaría más y a la que basta una sencilla infraestructura para desplegarse sin debate, sin elección y sin mandato. La ideología del interés individual y de los derechos del individuo está tan consensuada que se vuelve invisible y autoriza a cualquiera a pontificar sobre la desaparición de las ideologías. Ha concebido bien la política que organiza el Estado y la administración en la infraestructura de los intereses individuales, pacificadora y facilitadora, y pone en juego una economía de poder y responsabilidad sin precedentes; a condición de ser invisible, a condición sobre todo de no asomar más que para responder al sentimiento, a la insostenible demanda de la opinión. Ni siquiera el mito del buen salvaje, bajo la forma del extranjero sin papeles aunque no sin prestaciones, ofusca el naufragio de las clases medias; los dramas lejanos agotan delante de la pantalla la compasión que no produciría la desdicha cotidiana de los vecinos. Milagro de la cultura, si se quiere. Milagro más bien de una técnica del aislamiento y de la diversión que fabrica indiferencia tras el escaparate de la compasión y que vuelve a crear distancia bajo el discurso de la solidaridad, técnica del espectáculo que aleja a cada cual de su vida hasta el punto de que el ideal moderno se diría resumido en estas palabras de Chateaubriand: «¡Felices aquellos que no han visto pasar su vida!» ¿Cómo expresar de otro modo que la cultura-mundo es una cuestión de inconsciencia, inconsciencia construida, una cuestión de desposesión y por lo tanto de privación, y que por ello mismo es una cuestión de reconquista, una cuestión de invención de uno mismo, una cuestión de progreso del ser para sí y para los otros?

Entre el sueño del retorno y el vértigo de la barbarie, vale la pena detenerse en esta perspectiva de una cultura-mundo alumbradora de un régimen político inédito, que sería fruto de esta nueva relación con lo verdadero, lo justo, lo bello que se busca a partir del crecimiento, del enriquecimiento y del dominio de la naturaleza. ¿Hace falta realmente añorar lo que la pobreza sugería a los hombres para acallar el miedo, el sufrimiento o la infelicidad de unas vidas brutales, feas y breves? La cultura del yo pudiera ser el anuncio de un nuevo régimen político que es ya un régimen de verdad que busca su lugar y sus palabras. El postulado político de la ideología liberal es que cada hombre, cada mujer que se dedique a perseguir sus intereses individuales dentro del respeto por el derecho tiene su lugar en cualquier parte del mundo. Este postulado es generosamente autoproductivo; el sistema obra de modo que cada cual se reduzca a su función económica individual de productor-consumidor.

La cultura globalizada se ha convertido en el instrumento de algo que no tiene nombre y que podría llamarse sociedad política posdemocrática, tal como la dibujan el advenimiento del individuo –de eso que se llama individuo– y la confianza en el mercado como sistema universal de relaciones y de paz. Pues por sorprendente que pueda parecer la afirmación, es tanto cultura como política lo que vale, lo que alimenta y además libera de lo político; hay que ver la cultura Internet, la cultura individual, la cultura de la liberación, como una economía de lo político, como otros tantos rodeos invisibles para eximir del debate, de la construcción, de la elaboración política, lo cual es, naturalmente, otra forma de ser político. La cultura-mundo lleva a cabo, efectivamente, una economía política singular, extraordinariamente eficaz, extraordinariamente discreta, y eficaz por discreta: fuera del campo de la conciencia de la mayoría de quienes se encuentran sometidos a ella, y por ello mismo de un interés esencial.

Vivimos un momento concreto del proyecto liberal, tal como se expresó plenamente en el siglo XIX. Universalización del pensamiento para la acción, tal como la práctica de la antinomia, de la antítesis y de los límites dio lugar al pensamiento europeo, distinto, por ejemplo, del pensamiento chino de la continuidad. Conciliación de pasión e interés en nombre de la pasión por el interés económico, el único noble, el único confesable, el único venerable. Liberación del individuo de toda colectividad, la misma que lo constituye y vuelve efectivos los derechos que invoca. Y sobre todo concentración de la cultura en lo que permite la actividad, la nutre, la ayuda, la desarrolla. El mundo es emplazado para que le sea útil. Nada debería escapársele, ni tierra, ni vegetal, ni animal, todo lo que vive, corre, crece, respira en este mundo es llamado ante el tribunal de su utilidad económica, pesado, medido y juzgado. Y la cultura pasa a ser lo que ameniza el crecimiento. Sedante, alcohol de baja graduación, entretenimiento, la cultura contribuye a aligerar un mundo tan pesado... Sumergirse ya por la mañana en un relato alegre y los minutos de tren parecerán más cortos; hojear durante la comida un relato de viajes garantiza que en alguna parte es posible otra cosa que vuelve soportable la condición del sujeto urbano, que da al asalariado formateado la dignidad de un exilio interior y de una partida posible, evidentemente tan imposible como prohibida, pero lo esencial es que la cultura dé su representación. Y experimentar el bombardeo de una película de acción, sin descanso ni respiro, ¿no es vivir por poderes como el héroe, el santo o el jefe que no seremos nunca y para los que ya no hay sitio en ninguna parte, salvo en los cementerios?

Al final de este proceso, la pacificación de los días siguientes a los festejos excesivos. Al final de este proceso, la irresistible amplitud del consentimiento por cansancio de la diferencia, incapacidad de reivindicarse y de distinguirse. Al final de este proceso, neutralización de toda singularidad que pretenda sobrepasar el interés individual, de toda opinión que no sea soluble en el mercado: cuestión de precio. Una forma de sabiduría lamentable, si se quiere, fuente de profecías fúnebres por parte de la larga serie de detractores de la sociedad de consumo, de la sociedad del vacío, de la sociedad capitalista de mercado, en definitiva, pero que realiza el sorprendente prodigio de durar, de expandirse y de resistir todas las sacudidas que tanto las crisis internas como las agresiones externas le provocan.

Y es que la extraordinaria e inconcebible resistencia del sistema está precisamente allí donde reside lo que se considera su mayor debilidad: la cultura-mundo es una cultura del yo. Superchería, ilusión, disfraz, pero también y en el mismo proceso, seguimiento de la carrera inacabada del individualismo. Lejos del gran arte, lejos del proyecto revolucionario, lejos de lo sagrado, encuentra su consumación en la cultura del cuerpo, el culto a la forma y a la perfección física, en la cultura de la relación amorosa, el acceso al placer garantizado y la venta de juguetes sexuales en las tiendas de moda, y pone sus bases más sólidas en el enriquecimiento liberado del trabajo de cuantos han afrontado el deber de gestión moderna, acumulado, invertido, administrado, y que deben a las rentas y plusvalías de su capital lo que ya no cabe esperar de sus ingresos. Como dice Marcel Gauchet, la conjunción de esos intereses y esos placeres construye una sociedad impermeable al análisis de los grandes relatos, pero con una consistencia tremenda, dado que cada cual sabe que su interés pasa por el respeto a los intereses de los demás, y con un atractivo tremendo, porque los más hostiles saben confusamente que ahí encontrarán satisfacción con más facilidad que en el seno de la tradición que se esfuerzan por mantener con vida.

Desde luego, la mecánica da vértigo. El caso de la información es revelador. La cultura dominante proclama que lo importante es lo importante para mí. En estas condiciones, ¿cómo conceder ninguna importancia a hechos que suceden a miles de kilómetros y que no tienen ninguna posibilidad, ni de cerca ni de lejos, de afectarme? Con un clic, una información política, una oferta de ropa de saldo, una foto de Paris Hilton y una posibilidad de cita para la noche. ¿Quién duda en escoger? Pero, también, ¿quién no ve que esta mecánica, cada vez más eficaz gracias al desarrollo de las redes, sustituye el espacio público, objeto del debate político, por un espacio privado que lo oculta, lo multiplica, y que ya no es exclusivo? Hay sitio para todo el mundo al mismo tiempo: esto apacigua la mayor parte de los conflictos y hace los debates ociosos o superfluos. Hay que tener en cuenta que la cultura-mundo es la cultura del espacio virtual que reemplaza de manera acelerada los espacios reales, confinados y escasos, y que excluye de hecho los conflictos, los debates y las decisiones; que transforma la política como la hemos conocido, como algunos la esgrimen todavía, en un gasto inútil y vano.

¿Acaso el objeto esencial de la cultura-mundo no es esta manifestación, esta persuasión y esta exclusión?

CONCLUSIÓN

La contradicción en los términos es evidente. Cultura y globalización se oponen, como la gratuidad y el comercio, como el artista y el marchante, como el regalo y el mercado. Cultura es el nombre de lo particular, de lo singular, de lo único; cultura-mundo designa lo uniforme, lo híbrido, la confusión, y se parece a la superchería por la que el comerciante pretende traficar con la cultura como con esclavos, mujeres, órganos humanos o niños para adoptar. Sin embargo, el hecho está ahí. Hay que aplaudir sus buenos resultados; en unos cuantos años se ha creado uno de los instrumentos más eficaces para la privación de la conciencia de uno mismo, un sucedáneo que ha hecho desaparecer las trascendencias religiosas, ideológicas o nacionales. En un período más breve aún, el totalitarismo blando de la cultura-mundo ha procedido a una liquidación sin precedentes de las formas sociales, las identidades y las formas históricas del respeto y la autoestima.

Afirmación más bien de otra cultura, menos cultura-mundo que cultura de la destrucción del mundo como mundo, es decir, como diferencia, como pluralidad, como fuente inagotable de asombro, y destrucción del individuo como singularidad, como barrera y como negativa. Es el proyecto implícito del totalitarismo lo que se extiende bajo la cobertura del cosmopolitismo dominante que garantiza la posesión del individuo desnudo de todo lo que lo hacía persona por parte de la cacareada ideología liberal, en realidad por parte de los intereses políticos muy reales de las potencias emisoras de sistemas, de representaciones y códigos de la modernidad vigente. Nueve mil millones de individuos parecidos, persuadidos de su individualidad, incitados a hacer valer sus derechos, convencidos de que serán libres huyendo de todas las determinaciones, negando su origen, seducidos por su nuevo ser económico que acaba por confundir en ellos al productor y al consumidor dentro de la misma utilidad global. Nueve mil millones de individuos conformes, «procesados» por el incesante torrente de informaciones, representaciones y experiencias, que viven una condición desconocida que hay que llamar humana a falta de otra palabra. Perspectiva brillante, pero poco duradera, la de esta conquista por el mercado de lo que las culturas, civilizaciones, fronteras y comunidades le disputaban o le negaban hasta entonces. Ellos hacen girar la máquina del crecimiento ilimitado, y si se movilizan sin tregua ni respiro es por su propia salvación como seres económicos, sin más razón de ser que su contribución al crecimiento, sin otra justificación de su existencia minúscula que el valor añadido, primeros seres vivos cuyo oxígeno es el crecimiento y cuya respiración es el trabajo. A semejanza del asno que hace girar la noria, a semejanza de los esclavos ciegos encadenados al molino de las villas romanas, siguen, sin verlo, el camino de aquellos a los que la cultura acabó por separarlos para siempre de lo que quizá algún día habría podido hacerlos personas. Y sin duda creen que al final del camino invisible que siguen, sueltas las cadenas, detenida la noria, comenzará la alegre carrera, y sin duda esperan sin creérselo que algún día algo ocurrirá de verdad, por ejemplo la sangre, por ejemplo la victoria, por ejemplo la muerte, en la inmensa paz que el comienzo extiende sobre cada cosa.

Discusión

PIERRE-HENRI TAVOILLOT: *En esta cultura-mundo que han analizado ustedes hay una profunda ambivalencia: por un lado, un innegable movimiento de emancipación; por otro, una tremenda fuerza de destrucción. Tras leer sus dos textos, se diría que aunque están de acuerdo en esta ambivalencia, discrepan en el balance final y en la interpretación que puede hacerse de aquélla. ¿Se trata sólo de la brecha que separa al optimista del pesimista?*

GILLES LIPOVETSKY: En mi opinión, nuestras diferencias sobre la interpretación de la cultura-mundo se refieren básicamente a cinco cuestiones clave. Para concretar muy esquemáticamente lo que nos diferencia, yo diría que Hervé Juvin presenta un enfoque pesimista, nostálgico, trágico, unilateral de la cultura-mundo, mientras que yo ofrezco una interpretación abierta, multidireccional, ambivalente. Él ve en esta cultura un proceso arrogante de dominio occidental que asfixia las identidades y la riqueza del mundo, que elimina la creación al mismo tiempo que la singularidad de los individuos. Yo veo una cultura que crea tanto oportunidades como desamparo, desigualdades y amenazas para el mundo.

Él subraya la fuerza irresistible de una apisonadora, mientras que yo pongo de relieve las tensiones y contradicciones ligadas a lógicas opuestas.

1 – Hervé presenta la cultura-mundo como una superchería, una ilusión que funciona como máscara de la economización total del mundo: esta neocultura no hace sino expresar la hegemonía del capitalismo. Esta reducción de la cultura-mundo al orden tecnocomercial no me parece justificada. Aunque es verdad que hay una planetarización de la economía de mercado, al mismo tiempo observamos una dinámica universalizadora a remolque de la cultura democrática del individuo: la ilusión es remitir esta última a la lógica de los intereses materialistas. La cultura individualista no es un simulacro, una superestructura sin eficacia, una simple representación al servicio de la nueva economíamundo. En realidad es un agente sin igual transformador de la sociedad, la cultura y el individuo. Es ella la que, en gran parte, ha reventado los sistemas de legitimidad tradicionalista, la que ha transformado de arriba abajo nuestra relación con las instituciones, con la religión, la familia, la política, la moral, la autoridad, las identidades de género. Lo que somos y lo que seremos se lo debemos tanto a la pujanza del mercado y de la técnica como a la de la cultura individualista que exalta la autonomía individual y hace retroceder la fuerza de las imposiciones colectivas. Y hoy vemos, en todo el planeta, ese trabajo social que se apunta tantos. No reduzcamos el principio de individualidad al de la economía: el primero no es una máscara que oculte al segundo, que sería la única cultura verdadera de nuestro tiempo, a saber, la gestión financiera, la conquista de mercados, la competencia. Nos engañamos si decimos que la economía se impone como nuestro único gran sistema de

legitimidad: la razón económica se denuncia y combate en todas partes, proponiendo otro sistema de legitimación, consustancial al moderno mundo democrático: el del individuo y su derecho a la libertad y a la igualdad. La racionalidad económica no ha hecho desaparecer en absoluto las exigencias de la razón moral y política.

Por eso yo no suscribiría la tesis que identifica la hipercultura actual con la «barbarie» o el «totalitarismo blando». Hay que repetirlo: la cultura-mundo no es un sistema homogéneo; está compuesta por lógicas distintas, heterogéneas, que se cruzan, que a veces se refuerzan pero que también chocan, entran en conflicto. Estas disyunciones estructurales impiden reconocer en la cultura-mundo un sistema uniforme, totalitario, nihilista, entregado únicamente a la fiebre de la eficacia y de la racionalidad instrumental del beneficio. Aunque se denuncie la violencia de la cultura hipermoderna, ésta es todavía la que ofrece los instrumentos de su crítica. La cultura-mundo no fabrica únicamente «buena conciencia» y no está únicamente «hinchada de positividad», también proporciona principios «negativos» para su condena y su rectificación.

2 – No puede negarse que la cultura-mundo es inseparable de un proceso de uniformización planetaria: en esto estamos de acuerdo. Falta decir hasta qué punto. Reconocer esta dinámica no significa que el mundo se haya plegado a la ley de lo Mismo, de lo semejante, de la indiferenciación de todo. Los estilos de vida que hay en el mundo se aproximan, pero la singularidad y la heterogeneidad de los comportamientos individuales se acentúan a causa del retroceso de los marcos colectivos. La condición femenina se pluraliza a gran velocidad y permite destinos personales más abiertos e indeterminados. Esto, como es lógico, no impide los con-

formismos: pero hay un abanico creciente de formas de vida entre las que elegir, más opciones en la vida privada, más desemejanzas en los gustos individuales. El individuo no se funde en una masa conforme y homogénea: se construye tomando prestados modos y modelos comunes del consumo, según «acuerdos» singulares. No habrá «nueve mil millones de individuos parecidos»: las piezas se parecen, pero su combinación es idiosincrásica en una época que ve retroceder la fuerza de las tradiciones y las culturas de clase. Los objetos y las informaciones podrán ser los mismos, pero los individuos los usan de un modo cada vez más diferenciado. Lo uniforme avanza al mismo paso que lo Múltiple. Como ya decía Tarde, la diversidad en el espacio ha sido reemplazada por la diversidad en el tiempo: se acentúa día tras día en una época entregada a la innovación, a la diversificación de la oferta, a la moda generalizada. No estamos amenazados por la monotonía, sino por lo *híper,* por el exceso, lo sobreabundante: aunque los productos, las marcas, los teleprogramas, incluso el urbanismo se encuentren en todos los continentes, lo que triunfa no es tanto lo idéntico, lo «siempre igual», como una economía de innovación y diversidad. ¿Desaparece la singularidad en las obras? Es olvidar que las industrias culturales proponen más que nunca avalanchas de novedades y productos que seguramente no serán obras maestras inmortales, pero no por ello son menos singulares.

No perdamos de vista tampoco que aunque la cultura-mundo homogeneiza ciertos elementos de la vida planetaria, no está en absoluto en vías de consumar la tan desprestigiada uniformización universal, pues no deja de incrementar las desigualdades sociales y económicas entre las personas y las naciones. No agitemos el fantasma de lo Uno cuando el mundo en puertas se construye creando diferencias considerables de riqueza y condiciones de vida.

3 – Hervé Juvin propone una interpretación sombría, catastrofista, agonística de la globalización, en el sentido de que la cultura hipermoderna no hace sino preparar el desencadenamiento de la guerra de todos contra todos. Según él, la realidad es girardiana,[1] las rivalidades, los mimetismos destructores, los resentimientos contra los ricos aumentarán conforme se reduzcan las diferencias en las sociedades incapaces de satisfacer los deseos ilimitados que ellas mismas fomentan en todos. Esta frustración generalizada está cargada de grandes conflictos, anuncia el retorno de la fuerza bruta más o menos en todos los ámbitos: tal es el terrorífico precio de una cultura que universaliza el mercado y el contrato. No faltan los indicios que pueden justificar este análisis: incremento de la población carcelaria, proliferación de los ejércitos privados y de las bandas, de las zonas de seguridad y los guardaespaldas, tremenda expansión del crimen organizado y de la violencia a gran escala contra las poblaciones civiles. Sin embargo, nunca se sabe si ocurrirá lo peor. Yo no estoy convencido de que la marcha de las relaciones internacionales de los últimos tiempos pueda leerse a través del prisma girardiano. Nada indica –más bien vemos lo contrario– que las crecientes semejanzas entre las naciones aumenten su hostilidad. Y es poco probable que las convergencias en curso anuncien conflictos armados generalizados. Las rivalidades entre naciones no se extinguirán de manera milagrosa, eso es evidente, pero pueden expresarse por caminos distintos de la violencia militar: la competencia económica, por ejemplo. Recordemos, si es que hay necesidad de ello, que las grandes potencias no han vuelto a enfrentarse desde la segunda guerra mundial. Los Estados democráticos rivalizan entre sí, en efecto, pero no se consi-

---

1. Se refiere a René Girard. *(N. del T.)*

deran enemigos a los que haya que destruir o anexionar por la fuerza. En la época del capitalismo globalizado las diferencias entre las naciones democráticas no se solucionan ya por la vía de las armas, sino mediante negociaciones y acuerdos, por medio de regulaciones e instituciones internacionales. La primera globalización inventó la guerra total y dio a luz dos guerras mundiales; la segunda globalización coincide con un proceso de pacificación de las relaciones internacionales y, más concretamente, con una ampliación del espacio de la paz democrática. En un mundo dominado por los referentes del mercado, el consumo y la felicidad privada, la guerra y su cultura heroica no figuran ya en el panteón de los valores, han dejado de ser una razón para vivir, ya no dan un sentido consistente a los individuos ni a las colectividades. Estamos más en la época de la carrera del desarrollo y del beneficio que en la de la llamada a las armas. Por lo cual, la cultura-mundo se presenta como ese proceso civilizador que descalifica y hace retroceder el recurso a la fuerza armada: yo no creo que «el tiempo de la violencia sin límites» sea el nuestro.

Esto no significa en absoluto que nos aguarde un puerto de paz completa y generalizada. Surgen nuevas formas de conflictividad violenta y parecen llamadas a expandirse: el terrorismo trasnacional en concreto. Las amenazas que pesan sobre nosotros no provienen de naciones enemigas, sino de grupos infraestatales, de redes descentralizadas y violentas que actúan más allá de las fronteras movilizando individuos y no ejércitos estatales. Por ahora, ese terrorismo trasnacional es islámico, pero nada impide pensar que mañana no habrá otras ideologías que alimenten las mismas pasiones nihilistas y destructoras. Y nada indica cuál será la intensidad de la violencia cuando el uso de nuevas tecnologías permita de manera creciente provocar catástrofes a grandísima escala. Por desgracia, podemos pensar que en un universo crecientemente desregulado, inseguro e individuado se avecina inevitablemente una proliferación de amenazas, de formas imprevisibles de extremismos, fanatismos, locuras homicidas que, aunque no se parezcan a las guerras clásicas o al «estallido de la violencia generalizada», no por eso dejarán de sembrar el terror en las democracias liberales. Lo que se avecina no es la guerra de todos contra todos, sino la violencia de las minorías y el miedo de las mayorías.

No hay ninguna ley histórica que conduzca irremediablemente al desencadenamiento de la violencia ciega en las sociedades civiles de la hipermodernidad. El riesgo existe, pero no es inevitable. Lo que se anuncia es sobre todo la desigualdad geográfica de la violencia: aquí intensa, allá mucho más contenida. Nada nos dice que se expandirá del mismo modo por todo el planeta. Las políticas en materia de educación, de seguridad, de empleo, así como la lucha contra las desigualdades extremas y la corrupción pueden desempeñar un papel fundamental para impedir situaciones al estilo de *Mad Max*.

4 - Según la opinión de Hervé, la cultura-mundo es desafiliación, desposesión, «destrucción del mundo», de la identidad, de la autenticidad, de la cultura artística y literaria. La cultura-mundo prolonga la empresa etnocida de Occidente desculturizando el planeta, aplastando a las personas y las culturas. El espectáculo que ofrece es el de una desolación general. Es innegable que esta dimensión «liquidadora» existe y amenaza no sólo la existencia de las generaciones futuras, sino también el vínculo social y el arraigo cultural de los individuos. Sin embargo, no perdamos de vista que la cultura globalizada inaugura al mismo tiempo posibilidades inéditas, permite nuevas maneras de vivir,

nuevas formas de identificación y de filiación colectivas. Percibo en el discurso de Hervé algo que recuerda demasiado las clásicas denuncias de la alienación, cierto odio o cierta hostilidad hacia la modernidad occidental, humanista y capitalista, acusada de ser responsable de todos los males, de «descivilizar», de negar la condición humana, responsable del colonialismo, del racismo y el totalitarismo, de los genocidios y etnocidios, de la devastación de la Tierra. En este sentido, Hervé se sitúa claramente en la senda trazada por pensadores como Heidegger, Lévi-Strauss y Robert Jaulin. No es así como interpreto yo la cultura-mundo, que para mí no se reduce a la sola dinámica nihilista e inhumana del desarraigo, la eliminación, la desposesión. La desaparición de las identidades colectivas a la antigua usanza va de la mano con el desarrollo de identidades reflexivas, complejas y recompuestas por el molde de la individuación. Si hay abandono social, también hay invención de nuevos vínculos y redes sociales, creación de nuevas formas comunitarias (virtuales, diaspóricas, asociativas). La cultura-mundo es compresión del tiempo y el espacio, y su eje temporal dominante es el presente. Sin embargo, no suprime ni la dimensión del pasado (reactivación de las identidades culturales y de la religiosidad, acentuación de la memoria colectiva) ni la del futuro (sensibilidad y cultura ecológicas); y mucho menos elimina la territorialidad, la nación, las lenguas. Nada desaparece realmente, todo se transforma, se recicla, se recontextualiza. En el *maelstrom* de la cultura-mundo encontramos tanto potencialidades afirmativas (educación, saber, creación, salud...) como destrucciones. La nueva organización del mundo y las nuevas formas de vivir son generadoras de pobreza, frustración, desigualdades, aislamiento y miedo. Pero son igualmente portadoras de mejores niveles de vida y de autonomía individual. La socialidad, los ideales morales, la cultura del amor, nada de eso ha muerto: hay amortiguadores que limitan el nihilismo occidental. Lo que constituye la cultura-mundo no es tanto la imposición totalitaria de un mismo modelo a todo el planeta como la multiplicación de las interacciones culturales, las nuevas posibilidades de vida, la revinvención globalizada de la diferencia. Aunque desde hace tres decenios han aumentado drásticamente los contrastes en las fortunas y los ingresos, no debemos olvidar que el capitalismo universalizado es también el que ha conseguido reducir las desigualdades entre naciones al permitir el despegue económico de los países del Sur y la salida de la pobreza de casi mil millones de personas. La cultura-mundo liberal no produce solamente buena conciencia, y su obra no se despliega únicamente bajo el signo de la desdicha y la desestructuración, de la «fachada» y la desaparición del respeto humano: en nuestros días ha permitido aumentar la esperanza de vida en más de ocho años en los países en vías de desarrollo. Y esto no es todo. Conforme el centro de gravedad del capitalismo mundial se desplaza, surge un universo económico emancipado de la dominación occidental: China es hoy la segunda economía del planeta. Con la cultura-mundo comienza una nueva andadura para los países del Sur, que podrán participar con pleno derecho en la construcción de la historia moderna.

5 - Guardémonos de hablar de «liquidación» del arte y de la creación cultural, presuntamente asfixiadas por el exceso de medios técnicos, la preeminencia de la economía, el déficit de fe y convicciones. ¿Quién, en efecto, no ha sentido esto mismo al visitar los centros de arte actual? Pero lo que es válido para un montón de exhibiciones y exposiciones no tiene por qué aplicarse al conjunto de la creatividad.

La cultura-mundo no es sinónimo de desaparición del genio creativo, esa cantinela que desde los años sesenta se viene quejando en concreto de la «muerte del cine». Oponer la riqueza cultural de antaño a la pobreza estandarizada de hoy es un cliché. Es verdad que hay mucha mediocridad: pero eso no impide que haya realizaciones soberbias. Hay muchas creaciones notables en diseño, cine, publicidad, arquitectura y música, aunque la presión comercial en estos dominios es fuerte. Del iPod a la publicidad creativa, de Gehry a Foster, de Zaha Hadid a Mayne, del cine de Lynch al de Tarantino, Kaurismaki, Kitano, Kusturica o Lars von Trier, la creación no está en absoluto de capa caída. Para convencerse basta comparar la publicidad de los años cincuenta con la de Citroën o la de Macintosh de los últimos tiempos. El enfoque «decadentista» no me parece justo: la hipertécnica y el economismo no son la tumba del arte. El cine, por no poner más que este ejemplo, nunca ha dado muestras de tanta inventiva, de tanta pluralidad, de tanta heterogeneidad, desde que no se reduce a los exitazos de taquilla americanos. Hay menos rupturas estilísticas importantes, menos grandes «monumentos», pero más obras «medias» innovadoras, diversas y de calidad.

HERVÉ JUVIN: ¿Pesimismo, optimismo? Yo no comparto el obligado optimismo acerca de la instauración de la cultura-mundo y de ese Occidente globalizado que, pese a ser una realidad, me parece cargado de desastres. Gilles Lipovetsky, con convicción, incluso con entusiasmo, parece caer en la trampa de la humanidad al fin reconciliada por el milagro de las máquinas comunicantes, de la panoplia tecnológica y los derechos humanos, y, lo que se me antoja más grave, parece ceder a la superchería de la superioridad intrínseca, consumada, de nuestra sociedad, gracias al advenimiento del individuo soberano, sobre cualquier otro modelo de sociedad que haya existido o pueda existir. Encuentro peligrosa la idea del Occidente globalizado. Dicha idea podrá recitar la lista de sus éxitos, de sus mecanismos, de sus obras, pero nos oculta la realidad del mundo; y podrá desempeñar una función de euforizante para los europeos que tengan motivos para inquietarse por lo que se hace en su nombre, tanto en su propio suelo como en el extranjero. Y es peligrosa porque corre un velo de ilusión ante la realidad, que está hecha de conflictos de intereses, de enfrentamientos de potencias y fuerzas cuyo nombre nunca menciona la cultura-mundo. La función anestésica de la cultura-mundo, análoga a la de Internet, es una trampa cuya víctima es Europa en particular. Es la razón por la que la fuerza de los movimientos identitarios, el retorno de la historia y la geografía, de las fronteras y los pueblos me vuelve resueltamente optimista; unidad del género humano, gobernación planetaria, fin de la historia..., hemos terminado con esas tonterías que tanto nos perjudicaban.

Nuestro desacuerdo radica menos en lo que constatamos —la cultura-mundo existe, su origen es occidental, trae beneficios evidentes, en primer lugar el sentimiento de libertad de elección individual desconocido antes— que en las perspectivas; allí donde Gilles ve una hipercultura, yo temo una subcultura y un subterfugio. Allí donde él espera el advenimiento de un cosmopolitismo sosegado, yo sospecho la guerra de todos contra todos, la que las personas sin referentes, sin fe y sin raíces deberán librar para volver a constituirse en sociedad. Allí donde él ve la consagración de la hipercultura, la conservación del respeto por la alta cultura, yo constato un movimiento profundo de descivilización en nuestras sociedades europeas, la confusión de géneros, signos y valores. Me temo que la movilidad de signos culturales que él celebra no es sino la instalación de un mercado universal de las culturas, reducidas a su precio, liquidadas por su cotización del momento. ¿A cuánto se cotiza hoy la cultura? ¡Terrible expresión, la de bienes culturales, que reduce la cultura a objeto! Temo que la economía del conocimiento sea la de la caída del saber, que los medios desorbitados de la cultura-mundo sean al mismo tiempo exención de saber, de comprender, de juzgar. Dudo de la capacidad creativa de individuos que se declaran sin barreras, sin origen ni límites. Y he visto, en Madagascar, en China, en Oriente Medio, la terrible violencia con que se ordena a las culturas que se adapten a la cultura-mundo y desaparezcan. En nombre del desarrollo económico, de los derechos humanos, de la libertad de información y de religión, el Occidente globalizado aplasta todas las estructuras sociales, todas las formas culturales y políticas que protegían a los individuos mediante lo colectivo; ¿no ha llegado el momento de preocuparse también por la ecología humana y de salvaguardar los hábitats humanos, como se hace con el del oso panda o el de la garza real?

En Gilles Lipovetsky y en muchos otros vemos la misma constatación: los medios de la cultura-mundo están por todas partes. Dan una fuerza jamás conocida a la cultura de origen occidental, es decir, técnica, individualista y prometeica, que ha producido esos medios y que se considera tanto más universal porque éstos vuelven permanente e inevitable el encuentro y a veces la confrontación de culturas que ninguna diferencia parece ya proteger. El inventario de esos medios es asombroso; ¿quién podrá negar que en el momento en que más de la mitad de los habitantes del planeta disponga de teléfono móvil habrá cambios efectivos en el modo de relacionarse las personas y, por decirlo sin rodeos, en la condición humana? Acuerdo, pues, en el tema del inventario, que es y que sólo puede ser el de sus instrumentos. Diferencia que surge de los efectos de estos medios y de los efectos de estos efectos. La verdad es que no sabemos nada al respecto. Casi nada sobre los usos que se hará de ellos, que costarán mucho de identificar y que pueden ser muy desconcertantes para sus inventores, sus celosos propagandistas y sus ingenuos turiferarios. El protocolo de voz por Internet, que permite comunicaciones de difícil localización, fue utilizado con éxito por los terroristas de Bombay a fines de 2008; la centralización del tratamiento de mensajes fue muy útil a la república iraní para paralizar las manifestaciones de junio de 2009; y en Yahoo!, desde China, el término *Falun Gong* no remite a ninguna fuente. En África, los predicadores utilizan el móvil para «aparecerse» a los fieles crédulos; en Estados Unidos, la casi desaparición de la consulta de periódicos y medios de masas en beneficio de las fuentes de información elegidas en Internet por razones religiosas o activistas hace que se agudicen los extremismos y que los individuos se encierren en sus certidumbres; no es que cada individuo se abra al mundo, es que el lugar de lo común ha desaparecido. He aquí por qué considero lamentable, peligroso o manipulador pretender juzgar el fondo a partir de los instrumentos. ¿Qué efectos tendrán Internet, la telefonía móvil, incluso el acceso a la televisión vía satélite, en las zonas más atrasadas del planeta? La verdad es que no sabemos nada de esta cuestión y que puede haber muchísimas sorpresas. Después de todo, el *New York Times* consiguió que se suprimiera la ficha de uno de sus periodistas, rehén en Afganistán, para facilitar su liberación; una pequeña manipulación por una buena causa, pero ¡hay tantas buenas causas que exigen tantas manipulaciones...!

Si hay que ir más lejos será al precio de una confesión. El conformismo simpático que hace del mestizaje el camino de la modernidad y de un sincretismo alegre el de la posmodernidad no me convence. Michel Maffesoli[1] afirma que «La modernidad es Internet y el vudú»; ¡estamos lejos del Occidente dueño de la globalización! Y mucho me temo que por aplaudir las manifestaciones lúdicas o espectaculares nos estemos alejando de los hechos y nos olvidemos de las grandes consecuencias que pueden comportar las pequeñas libertades que nos tomamos con lo real. Nada hay de reprochable en que las culturas se hablen, se mezclen, intercambien, aunque haya mucho que decir sobre la indiferencia que manifestamos ante centenares de lenguas que desaparecen cada año, ante las docenas de comunidades humanas que son blanco de los evangelistas, de los mulás, de los funcionarios o los soldados del poder central, de todas las CNN que difunden sus representaciones, del mismo modo que son blanco de los propietarios o de las compañías que hayan adquirido derechos sobre su suelo, siendo expulsadas todos los años del territorio que ocupan, de su fe y de su identidad. El concepto de ecología humana se rechaza; algún día será necesario preguntar si el primer crimen del desarrollo no habrá sido la tremenda destrucción del patrimonio de la humanidad que lleva a cabo, despreciando del modo más manifiesto el derecho de las personas a su cultura, a sus costumbres, a su dignidad, en nombre del sedicente derecho al desarrollo, que por lo general se traduce en el derecho a ser expropiado del propio suelo, de las propias costumbres, y a ser proletarizado en beneficio del comercio internacional y de la buena conciencia occidental. Nadie puede poner en duda que una cultura totalmente aislada, incapaz tanto de tomar como de dar a las otras, tiene todas

---

1. En *Iconologies,* Albin Michel, 2008. [*Iconologías: nuestras idolatrías posmodernas,* Península, Barcelona, 2009.]

las posibilidades de perecer o de convertirse en caricatura de sí misma: una forma muerta. Pero la coexistencia permanente, la mezcla de culturas, cuyo ejemplo más espectacular lo tenemos sin duda en Brasil, produce efectos igualmente lamentables. El mestizaje brasileño se basa en una relativización permanente de cada cultura, de cada creencia, de su apropiación por otras, por todas las demás, lo cual reduce considerablemente el exclusivismo o la intransigencia de cada una. A fuerza de que cada una sea un poco la verdad de cada uno, ninguna es ya completamente de nadie. El trato familiar y cotidiano entre las culturas sería entonces el camino para resolver sus diferencias y el medio de apaciguarlas. ¿Hará falta decir que la historia no valida ese laicismo alegre que quiere que las creencias se autoneutralicen mezclándose todas? Hay muchos ejemplos, incluso en la actualidad, de que el codeamiento crispa, exaspera y causa extremismos que la distancia habría evitado. Y Brasil, tierra violenta donde las haya, con un índice de homicidios que está entre los más elevados del mundo, y también con una extinción de la diversidad humana tan preocupante como la de las especies amazónicas sacrificadas en aras de la construcción de un gigante de la agroalimentación y de la industria de los biocarburantes, es más bien un ejemplo negativo; ¡lo que hay que evitar para no llegar ahí! La metáfora del biocarburante es aclaradora; se destruye lo que hay, plantas, árboles, en esta tierra para satisfacer el frenesí del movimiento perpetuo, para disolver esas formas completas de vida manipulando la energía que contienen. Así como la voluntad de dominación industrial de los seres vivos destruye la biodiversidad, así la cultura globalizada destruye las culturas constituidas al cabo de incontables generaciones en un diálogo con la tierra, los cielos y los dioses, y todo para la banal satisfacción del movimiento.

¿No estará en juego el odio a la cultura? Si fuera consistente, cosa que aún no es, me preocuparía que la cultura planetaria, tal como la ha arrojado al mundo un Occidente que se ve señor de la globalización, fuera otro ejemplo de la destrucción del mundo y de su ejecución; el fin de la cultura llegaría junto con el del mundo. Un mundo concluido exige la inconclusión de las culturas, el agotamiento de la naturaleza pide el refuerzo de esas culturas que son nuestra naturaleza, hijas de la historia, de la voluntad y la libertad de los seres humanos, nutridas con la irreprimible necesidad de diferenciación de las personas en sociedad. En este plano es difícil no reparar en que se enfrentan dos concepciones de la cultura, una intelectual, erudita, distante, la otra esencialista. Pues una de dos. O bien la cultura es un detalle de la persona, una anécdota en el avance de las sociedades humanas, y desde luego el decorado en que se juega al juego que cuenta, el del interés. Es entonces una indumentaria que se puede cambiar, un objeto a mi disposición, y soy yo quien decide aprender la cultura china, o cosaca, aprender su lengua, sus cantos, leer sus libros, adaptarme a su cocina y a sus costumbres, y al cabo de unos meses o de unos años considerarme tan cosaco como los descendientes de los varegos, tan chino como el campesino de Yunnan inclinado en su arrozal para trasplantar el arroz. El mundo es un repertorio de formas a nuestra disposición y podemos elegir nuestro menú, basta con quererlo y, de manera secundaria, con pagarlo. Identidad a la carta; nada que moleste, nada que estorbe, cada cual coge lo que le place. O bien la cultura es una particularidad esencial de cada ser humano, la que le da el mundo desde que nace hasta que tiene tres o cuatro años, es constitutiva de las sociedades humanas y en realidad no podemos elegirla; estamos en ella, somos de ella, y esos jóvenes estadounidenses que salen de Harvard o de Stanford y se someten al complicado rito de ponerse la ropa ceremonial de los indios, y exhiben delante de la tribu, en el *powwow* estival, los pasos y figuras que han aprendido pacientemente durante el curso que han seguido sobre los indígenas americanos, lo único que producen es la sensación de estar ofendiendo y traicionando; las danzas indias son propiedad de los indios, y apropiárselas para ejecutarlas, si se presenta la ocasión, durante las ruidosas reuniones de estudiantes que siguen a los exámenes es otra forma de genocidio. Como también es ilusión, pretensión y necedad hacerse el cosaco o el chino cuando uno es cabilio, bretón o castellano; aprender la cultura, conocer los elementos materiales, observables y transmisibles de esa cultura, sin duda; ser erudito en ella y experto, tanto mejor; pero ser cosaco o chino, desde luego que no; hay más cultura china en el campesino de Yunnan que en la cátedra de chino del Collège de France, y más realidad china en una estudiante del Instituto de Diplomacia de Pekín que en un erudito misionero que ha pasado diez años en un campo de trabajo, del mismo modo que había más Tíbet antiguo en el nativo del país de las nieves que fue porteador y fiel compañero de Alexandra David-Neel, que en esta erudita aventurera francobelga.

En el fondo, ¿quién respeta más la cultura, quien cree que es lo que los medios de la cultura hacen de ella, o quien ve en ella una condición esencial de la identidad de las personas y considera dignos a quienes matan o mueren por lo que creen que está por encima de su vida, por encima de la vida del enemigo y de la cultura del enemigo? Los medios de la cultura-mundo tienen eso de inquietante, que se prestan a la ilusión; la cultura se elige en las tiendas, se compra como una hamburguesa, se consume como un DVD, se cambia con la misma rapidez. En este juego desaparece un enorme patrimonio humano. En este juego se esfuma el camino de uno mismo hacia sí mismo y hacia los demás. Sería imprudente esperar de ello lo mejor. Hay que ser muy cautos antes de atropellar, negar o transformar las culturas constituidas; si la cultura es nuestra naturaleza, antes de dedicarnos a transformarla hay que calcular bien los efectos, lo inesperado, la sorpresa.

Otra cuestión. El advenimiento de la cultura-mundo deriva de un estado del mundo en que tan imposible es esconderse como desaparecer, desvanecerse. Unos cuantos años después de publicarse, la obra de Thomas Friedman, *La Tierra es plana*, se está haciendo realidad. Cabe sacar de aquí la conclusión de que la cosa está hecha, la globalización ha producido sus efectos y a partir de ahora nos dirigimos hacia la unidad de un mundo común que en teoría comportará también la unidad cultural, la del hombre posmoderno, la del agente económico conformado, sea de Shanghái, de Durbán o de São Paulo... Yo no me lo creo, ni por un instante. A medida que se difunde este modelo, o su representación, provoca un movimiento diametralmente opuesto, el de la relocalización, la barrera, la búsqueda identitaria. El mejor ejemplo es la oposición visceral de la mayoría de los ciudadanos estadounidenses a una reforma de la sanidad que a nosotros los europeos nos parece que está fuera de discusión. ¡Qué ruptura, qué diferencia en el corazón mismo de Occidente! Si la Tierra es realmente plana, si realmente ya no hay accidentes, relieves y separaciones más que por elección, voluntad y decisión, entonces el campo de la voluntad colectiva y de las opciones individuales y colectivas está abierto, y ése será el campo de la separación del mundo. Sean cuales fueren la fuerza de los instrumentos y la intensidad de la energía empleada en ese sentido, la cultura se llamará siempre diferencia, será siempre el medio de sentirse otro, que es el medio de creerse todavía vivo. No hay cultura sin culturas, no hay cultura sin tensión, sin confrontación, sin la fuerte sensación de ser uno mismo que da la relación con el otro, sin el enriquecimiento de lo múltiple. Y la inquietud que se percibe detrás de toda concienciación de la violencia de la liquidación de las culturas se debe a que necesita una violencia equivalente, la de la supervivencia de las personas que no quieren morir y saben que, con la cultura, lo que está en juego está por encima de ellos.

¿Salir de la democracia o profundizar en ella?

PIERRE-HENRI TAVOILLOT: *Para proseguir el debate me gustaría que nos fijáramos más detalladamente en las diferentes dimensiones —política, económica y técnica— de ese «Occidente globalizado». Comencemos, si les parece, por la política: según ustedes, ¿qué caracteriza el fenómeno de la cultura-mundo, la crisis o la profundización de la democracia?*

GILLES LIPOVETSKY: Los adversarios de la cultura-mundo argumentan, no sin razón, que ésta funciona, por culpa de la supremacía de los mercados, como una máquina de desposesión democrática que priva al Estado de auténticos márgenes de maniobra. En este sentido, el mercado obra contra la democracia en tanto que poder de la sociedad sobre sí misma: hegemonía de los mercados financieros, impotencia del Estado democrático para dirigir y organizar la colectividad de manera voluntaria. Aumento de los intereses privados y retroceso de la defensa del interés general que ejemplifican perfectamente la profesionalización y la fragmentación de los intereses particulares, la ampliación, el ruido y la entrada en competencia de los grupos de presión al servicio del mundo empresarial. Los imperativos del corto plazo y el predominio de los grandes grupos sumen por doquier el funcionamiento de las democracias en el inmovilismo y la parálisis, lo reducen a la gestión de la confrontación de los intereses privados.

Debilitación del poder público que, en los países en vías de desarrollo, conduce a la multiplicación de los descalabros etno-nacionales. Y en nuestros países el complejo mediático-consumista debilita la democracia por culpa de la política-espectáculo y del desinterés de los ciudadanos por la cosa pública. Estos argumentos tienen su parte de verdad, pero no son los únicos que hay que tener en cuenta. A escala mundial, desde la caída del sistema soviético se impone como hecho fundamental la «progresión» de la democracia: a fines de los años noventa había en el mundo 196 países y 118 eran democracias. En Occidente ya no hay enemigos declarados de la democracia; jamás ha gozado ésta de tanta legitimidad ni ha tenido nunca una imagen tan positiva. Sin embargo, hay que desconfiar de los triunfalismos. China, el país más poblado del planeta, el nuevo gigante económico, está dirigida todavía por un partido único, el Partido Comunista. ¿Y qué clase de democracia se extiende en el mundo, dado que elecciones no significa en todas partes Estado de derecho, ni separación de poderes, ni protección de las libertades fundamentales? Lo que en realidad progresa no es el modelo occidental de democracia, sino el modelo no liberal. El diagnóstico de Fareed Zakaria es exacto: aunque la idea democrática triunfa de manera creciente, no ocurre lo mismo con el liberalismo constitucional.

¿Y mañana? Un mundo de mercados, de crecimiento e informaciones ¿hará avanzar la causa de las libertades? En lo que se refiere a las libertades económicas, la respuesta es sí. En lo relativo a las libertades civiles y políticas, puede que el resultado sea otro. Sin embargo, no saquemos de todo esto conclusiones definitivas. Al fin y al cabo, han hecho falta casi dos siglos para que se establezcan democracias liberales consolidadas. Sea cual fuere la aceleración del tiempo histórico, harán falta varias generaciones para que acaben imponiéndose el Estado de derecho, los sistemas de frenos y contrapesos frente al poder de los gobiernos. Y en igual medida, que los procesos de individuación y comunicación, reforzados por un mayor nivel de educación de las poblaciones, favorezcan a largo plazo el respeto por las libertades de las personas, una información más libre y los sistemas de contrapoder. La Red interactiva no creará, evidentemente, la revolución radical (participación masiva, inmediata y directa de los ciudadanos) invocada por algunos de sus adeptos; pero la democracia electrónica podría aportar muchos beneficios a los gobiernos representativos, pues permitiría tener más en cuenta las necesidades de todo un conjunto de ciudadanos (mediante consultas, peticiones, foros en línea), posibilitaría la expresión de numerosas críticas a los proyectos administrativos o gubernamentales, fomentaría la capacidad vigilante de la sociedad civil y comunicaría a los responsables públicos nuevas temáticas sociales.

Por el momento, la realidad es menos ideal: en China, los nuevos útiles de comunicación (Internet) han propiciado una información más libre y variada (da fe de ello la nueva estrategia de transparencia comunicativa del gobierno con motivo de los tumultos que han ensangrentado Ürümqi) sin que se haya producido ningún sobresalto democrático en relación con la libertad de los ciudadanos. Y son raras las democracias no liberales que se transforman en democracias liberales. Nada garantiza que la democracia al estilo occidental sea el tope de la historia, su horizonte inevitable. Tenemos sin embargo todo el derecho a pensar que su fuerza de atracción se robustecerá bajo la presión de los canales de la cultura-mundo. Las crecientes interdependencias y la apertura de las jóvenes generaciones a las democracias occidentales podrían contribuir a liberalizar los sistemas, excluyendo el Estado de derecho. Y a largo plazo ¿podemos concebir un liberalismo económico competitivo sin una evolución hacia la democracia pluralista? La liberalización de las democracias no es en modo alguno una ley de la Historia, pero la cultura-mundo avanza en esa dirección.

HERVÉ JUVIN: Para empezar, una constatación: Occidente abandona la democracia. De la elección de George W. Bush al referéndum europeo, de la creación del delito de opinión a la multiplicación de las autoridades independientes, como Halde [Haute Autorité de Lutte contre les Discriminations et pour l'Égalité], cuya misión es transformar a la gente, porque la gente no es como los bienpensantes imaginan, la posdemocracia está en marcha. La evolución del Partido Socialista Francés, como la del debate político en Estados Unidos, señala una evolución que va del proyecto al sentimiento, de las proposiciones a la compasión, de la convicción a la seducción. Ojo, pues, con el empleo de palabras que ya nadie se preocupa de recargar con su sentido primario: la democracia fue revolucionaria, la invocación de la democracia permite a las minorías en el poder proteger sus poltronas y sus rentas frente a los agitadores. En nombre de la democracia, en el seno de la Unión Europea, el delito de opinión y la obligación moral de recordar coexisten alegremente, está vigente la censura de las ideas, de los debates y de los datos (por ejemplo en materia de demografía), y aquí y allá florece la idea de que el peligro que representa el sufragio popular debería remediarse limitando el voto o prescindiendo de él. Peter Handke nos invita a desterrar la noción de pueblo, Daniel Cohn-Bendit a rechazar el sufragio universal, Pierre Rosanvallon a superar la ingenua equivalencia entre expresión de la mayoría y democracia, y proliferan los organismos administrativos independientes para obligar al pueblo a evolucionar contra su voluntad y dictarle lo que le conviene; en nombre de una democracia superior, claro. ¿Para qué votar si en cualquiera caso el resultado de la votación no tiene ninguna importancia? Los medios tienen poco que ver con un abandono de la democracia que lo debe todo a la nueva heteronomía instaurada por los mercados financieros y el individualismo absoluto que aquéllos invocan.

Para abreviar, no hay democracia sin circunscripción de una sociedad humana que crea sus leyes en un espacio, cerrado por una frontera, y que distingue a los propios de los ajenos. Es la condición misma de la autonomía, es decir, de la capacidad de esta sociedad para proponer, debatir y adoptar sus leyes, sin que una entidad exterior le imponga su voluntad. Y tampoco hay democracia sin control de los intercambios, los de las personas y los de los capitales, tanto los de bienes y servicios como los de representaciones, para asegurar la primacía de la sociedad sobre la economía, para medir el lugar que se da al comerciante y al banquero, esas dos amenazas permanentes para la seguridad individual y la unidad social, y sobre todo para hacer posible la unidad interna mediante las mutualidades elegidas. Enfocar así la democracia es comprender hasta qué punto vivimos, desde hace una generación por lo menos, bajo una nueva heteronomía, la de los mercados financieros, de los que ya no puede decirse que sean la expresión de las opciones libres e informadas de cada uno de los agentes de la economía, hasta qué punto nuestras sociedades han sacrificado su autonomía a la ilusión del progreso por el crecimiento infinito, bajo la égida del nuevo régimen de verdad, que se caracteriza por el precio de mercado, el contrato, la competencia y la conformidad. En este sentido, la cultura globalizada por Occidente es una nueva forma de totalitarismo económico, como testifican los estragos que causa aquí y allá en nombre del desarrollo, y la destrucción del mundo que lleva a cabo pide la violencia. Totalitarismo caracterizado, como el totalitarismo estatal del imperio soviético, por la instauración de un modelo único, el de la sociedad por acciones, de un criterio único, el del precio de mercado, de una medida universal, la del rendimiento para el accionista (ROE = Return on Equity = Rentabilidad del capital propio). Y totalitarismo que acaba de obtener un resultado equivalente, veinte años después, al que causó la caída del muro de Berlín; la crisis que atravesamos es la primera manifestación de la inevitable explosión del modelo financiero único, las siguientes vendrán sin duda de los nuevos convertidos a la cultura del Occidente financiero, de China por ejemplo, y antes o después acabarán afirmando violentamente la primacía de la sociedad sobre el mercado, la economía y sus amos invisibles. ¿Quién ignora que Goldman Sachs es hoy la primera potencia mundial?

La primera consecuencia que inferimos de ello es que la historia volverá a ponerse en marcha; la democracia tal como la conocemos no es desde luego la última etapa de la historia política, y desde luego es legítimo pensar que habrá regímenes posdemocráticos que harán aparecer formas inéditas de gobierno. Y la consecuencia más directa que inferimos a continuación es que los diferentes regímenes políticos seguirán comparándose, compitiendo, es decir, enfrentándose, aunque todos se remitan a la democracia; las tradiciones nacionales marcan las diferencias que la teoría política no explica; para convencerse de la permanencia de las culturas, basta que un europeo trate de comprender cómo esos extranjeros, esos seres de otro mundo que son los ciudadanos de Estados Unidos, enfocan su sistema sanitario...

Y la última consecuencia que inferimos es que todo país que desee aumentar la participación de la mayoría en la decisión política y confirmar la autonomía decisoria de su pueblo no podrá contentarse ya con una adaptación local de las formas democráticas utilizadas en términos generales en otras partes. La aclimatación puede ser en el mejor de los casos inadecuada, en el peor, destructiva. Se trata por el contrario de que cada país determine la forma de régimen que más le conviene, e inventarlo, partiendo sin duda de experiencias exteriores, pero ante todo partiendo de las realidades étnicas, culturales y sociales de la población.

¿Sigue siendo real el mundo globalizado?

VINCENT GIRET: *Quisiera preguntarles acerca de un tema que los dos han tocado, el que se refiere al desarrollo fulgurante de Internet; nunca se había difundido tan rápidamente una tecnología. Actualmente hay más internautas chinos que estadounidenses. En lo que concierne a la Red hay dos cosas contradictorias. Por un lado, la uniformización de los formatos, los lenguajes, las formas de contar, los relatos —hay modelos estandarizados en inglés, en árabe, en chino, en persa—, los vídeos ultracortos, una marcada dimensión lúdica, etc. Por otro lado, vemos una adaptación de las técnicas generales a las redes locales, a las lenguas y a las culturas particulares. Por último, estamos al mismo tiempo conectados y con la «soledad interactiva». ¿Cómo ven ustedes estas dimensiones aparentemente contradictorias?*

201

GILLES LIPOVETSKY: Es cierto que la era de la conexión generalizada trae aparejado un sentimiento creciente de soledad. Sin embargo, son muchos los signos que contradicen la tesis de la «soledad interactiva», de una existencia hipermoderna digitalizada, encerrada en sí misma, sin vínculo humano. A medida que se multiplican los instrumentos de telepresencia y de comunicación virtual, aparecen nuevas formas de sociabilidad, los individuos buscan establecer contactos con los demás, sentirse útiles a través del voluntariado o la vida asociativa. Nunca nos hemos comunicado tanto a distancia, nunca hemos visto tantas organizaciones ni tantos voluntarios. Internet y los medios nos separan de los demás menos de lo que nos abren el camino hacia una empatía de masas con los más desfavorecidos, como dan fe los impulsos de solidaridad y de generosidad planetarias sin precedentes, por muy ocasionales que sean. Cada vez más personas combinan dos formas de vida, en línea y fuera de la Red: utilizan Internet para conocer el mundo, reunirse, ampliar su círculo de relaciones, encontrar pareja. Aunque existen fenómenos de adicción que pueden amenazar la vida relacional, los individuos manifiestan una creciente tendencia a conocer nuevas personas, a organizar salidas con amigos, a participar en corales, en festivales, en fiestas. Es verdad que se desarticulan las antiguas formas de relación por proximidad, pero es en beneficio de vínculos elegidos y temporales, de acuerdo con una cultura de individuos que se reconocen como libres.

HERVÉ JUVIN: La desrealización del mundo es un fenómeno que aumenta. En cierto modo es totalmente inevitable; el mundo es escaso, pequeño, caro, y la gran migración que nos espera es la de los pobres en lo virtual. Las salidas, las vacaciones, los encuentros se harán en la pantalla. El elogio universal de Internet predispone con eficacia a las generaciones a que no sientan más que repugnancia por la realidad de la historia, la tierra, la carne y la vejez. El Occidente globalizado no nos es ajeno en su dimensión prometeica; el sueño del hombre nuevo palpita en él todavía. La cultura que difunde quiere convencernos de que nadie es de ninguna parte, de que hablar de origen, de raíces, de filiación es incorrecto y tabú. Contribuye a ese estado de percepción social que caracteriza a las generaciones jóvenes y a esos que exigen lo que les gusta, infinitamente capaces de enumerar derechos, pero radicalmente incapaces de preguntarse por lo que hace efectivos esos derechos, y qué es la historia, el sacrificio de quienes han combatido y trabajado para que esos derechos se ejerzan en favor de sus hijos y de los suyos, así como de distinguir la cultura particular que da un sentido a esos derechos. Esta pérdida de realidad es particularmente sensible, e inquietante, en el dominio de la economía. So pretexto del librecambio y de la descompartimentación planetaria, el precio de mercado, la cotización en Bolsa y el ROE han reemplazado por completo toda apreciación profesional, todo criterio de utilidad y toda medida real de los productos o los servicios de una empresa. Importaban los coches producidos, los pisos construidos, los yogures disponibles en los supermercados; lo único que hoy interesa es el precio, las cotizaciones y los dividendos, y la banalización de las empresas viene dictada por las cifras de mercado. Lo único que cuenta es lo que se contabiliza. Este divorcio entre la actividad económica y su utilidad, simbolizado por los beneficios de los bancos, nos enfrenta al artificio de las convenciones liberales, a la manipulación permanente de los precios y las cotizaciones por los intermediarios interesados; en definitiva, al abandono de la globalización financiera que anuncia, y que es una condición del retorno a lo real.

El capitalismo tecnológico y los límites del planeta

FRANCIS ROUSSEAU: *No me parece que la globalización lleve la marca de Occidente. En apariencia sí, es verdad; pero esa apariencia oculta, me parece a mí, un proceso más profundo que anuncia reagrupamientos conflictivos alrededor de nuevos valores y nuevas identidades. Pese a su apariencia occidental, la globalización representa tal vez la desaparición de Occidente, su marginación, tanto política y económica como cultural. Esta conflictividad me parece inevitable, simplemente porque los humanos serán demasiado numerosos para un planeta demasiado pequeño en el que se ve venir la escasez.*

GILLES LIPOVETSKY: Creo que no hay por qué hablar de la «marginación» de Occidente. Lo que es cierto es que, en un universo que se ha vuelto policéntrico, Occidente ha dejado de tener el monopolio de la modernidad económica, política y tecnocientífica: eso es muy distinto. Por otra parte, desde Malthus no nos faltan Casandras que anuncian la imposibilidad de que el planeta garantice la satisfacción de una población que no hace más que aumentar. Nos dicen que en 2050 habrá 3.000 millones de personas afectadas por la escasez de agua. ¿Será verdad? Debo decir que no me convence ese tipo de argumentación que subestima los potenciales de la inteligencia racional y la innovación tecnocientífica. Aún no sabemos nada de lo que la tecnociencia será capaz de inventar en el futuro. ¿Quién habría previsto en el siglo XIX que cien años después se podría alimentar a casi 5.000 millones de personas? Aunque las energías fósiles son limitadas, no ocurre lo mismo con las renovables. Aunque las medidas para economizar la energía son útiles y necesarias para superar los límites de nuestros recursos naturales, las medidas políticas en favor de la educación, el saber, las ciencias, lo son más todavía. Para afrontar el desafío de los 9.500 millones de seres humanos que se cree que habrá a mediados de este siglo, hay que esperar menos de la poco probable frugalidad que de la inversión en inteligencia científica y técnica. El problema crucial no es, por el momento, la cantidad de personas que hay en el planeta –la tasa de natalidad casi se ha dividido por dos en cincuenta años–, sino la desigualdad en la producción y distribución de la riqueza. En cuanto a los conflictos que surgen en nuestros días en los países del Sur, se trata más de guerras internas que de guerras externas y las producen más las cuestiones ideológicas o los enfrentamientos de culturas que los límites físicos del planeta. ¿Cómo no darse cuenta de que el terrorismo internacional apenas tiene relación directa con el fenómeno de la escasez?

HERVÉ JUVIN: La globalización, es decir, la difusión mundial del sistema del mercado y del modelo del crecimiento infinito es la lógica de la guerra de todos contra todos por los recursos últimos. Sea por apropiación de lo que pertenece a otros, sea por invasión de territorios ricos en recursos, estamos en vísperas de conflictos legítimos entre quienes sólo querrán sobrevivir. Este panorama es la justa compensación por la movilización forzosa de los recursos del mundo que ha llevado a cabo el banquero y el comerciante occidental, a la que la descolonización dio un impulso inesperado; no olvidemos que el principio de excepción cultural fue adoptado por las Naciones Unidas contra la voluntad de dos países, Estados Unidos e Israel. El efecto inesperado del desarrollo industrial, de las nuevas tecnologías y de su rápida difusión es la relación progresiva de la masa con el poder. Y ése es el punto de inflexión. Hay que pensar en lo que sería un universal chino, un universal indio, etc., porque vamos a tener que enfrentarnos con eso. Muy pronto. Y con decisión. Y sobre todo hay que imaginar cómo vamos a responsabilizarnos de las promesas que hemos hecho, a través de nuestra incitación al desarrollo, a través de nuestras prédicas democráticas y humanitarias, etc. Porque esas promesas no se cumplirán. Porque no cabe ninguna duda de que a corto plazo, es decir, dentro de cinco, diez años, el crecimiento de China, de la India, de muchos otros, topará con el muro de la escasez, y ese muro sólo se salvará pacíficamente con revoluciones energéticas, verdes, etc., que necesitarán tiempo para desarrollarse, y existe el riesgo de que se salve mediante el enfrentamiento y el acaparamiento de los recursos por parte de los más fuertes. Es la historia del embargo americano del petróleo y el gas iraníes, es también y sobre todo la historia de la colonización china de África y de una movilización extraordinariamente brutal y destructiva de todas las riquezas de países a la deriva; China comprendió que debía frenar la destrucción de su patrimonio natural en su propia casa, a domicilio, y en consecuencia se dedicó frenéticamente a cosechar garantías en el extranjero. En este aspecto conviene ser optimista a largo plazo –sí, podríamos producir un mundo sano, benévolo, amistoso– y prudente a corto plazo: existen todas las razones del mundo para que haya enfrentamientos por los recursos últimos.

¿Tiene Occidente el monopolio de la cultura-mundo?

PIERRE-HENRI TAVOILLOT: *¿Significa la globalización, forzosamente, la occidentalización del mundo? Por decirlo de otro modo, ¿es la globalización un proceso abocado a imponerse desde fuera a las sociedades tradicionales?*

GILLES LIPOVETSKY: La primera globalización se caracterizó por una occidentalización obligatoria, impuesta desde fuera mediante operaciones militares, conquistas territoriales, una administración colonial. No ocurre lo mismo con la cultura-mundo, que ejerce un poder de atracción por sí misma, al margen, por lo demás, de la hostilidad que genere. La ciencia, la alta tecnología, el consumismo, los medios de masas, los derechos humanos, todos esos núcleos de la cultura-mundo no se propagan por imposición occidental ni americana en particular: en las sociedades ampliamente destradicionalizadas e individuadas poseen un valor intrínseco; representan más una esperanza de vivir mejor y un sueño de futuro que una dominación europeo-americana. ¿Cómo no darse cuenta de que no hay otras vías constructivas? ¿Qué población no aspira a los bienes de la sociedad de consumo, a la elevación del nivel de vida? Más allá de la secreta violencia que comportan los dispositivos de modernización y la «dictadura de los mercados», la cultura-mundo contiene un tremendo poder de seducción o de fascinación universal. Y el odio al Occidente americano no se desliga del deseo de entrar con pleno derecho en la dinámica de la modernización. Esta atracción es tanto más fuerte cuanto que no prescribe la erradicación de todas las diferencias culturales. No es de los contenidos culturales de Occidente de lo que el resto del mundo quiere apropiarse, es de los instrumentos universales que Occidente ha conseguido poner en funcionamiento y que permiten, a pesar de todo, seguir siendo lo que se es.

HERVÉ JUVIN: ¿Vamos a ponernos de acuerdo para concluir? Gilles tiene razón al señalar la tremenda ambivalencia de los movimientos amor-odio actualmente engarzados. No hace falta insistir más en la ambivalencia de los instrumentos y las técnicas. La pala con que se cultiva el jardín puede matar. El Occidente que ha desencadenado la cultura-mundo y la globalización económica sufre vértigo ante los monstruos que ha alimentado. Por eso es apasionante el período que abre la salida de la crisis; ¿qué harán China, la India, Brasil, Indonesia, todos esos países que apenas han sentido la crisis, que acceden a la categoría de potencias mundiales, con los instrumentos que les han impuesto, de los que se han apropiado poco a poco y que transformarán según sus intereses y su ingenio particulares? Hay ahí tremendas incógnitas, riesgos innegables, pero un interés inmenso. Debemos cambiar muy aprisa nuestras representaciones del mundo, redescubrir la geografía, volver a aprender historia. Debemos aceptar brutalmente lo que las empresas mundiales, de Wal-Mart a Danone, saben muy bien: un cliente de São Paulo no es un cliente de Hanoi, que tampoco es un cliente de Pézenas ni un cliente de Maputo. Y ante la historia que vuelve a ponerse en marcha, ante las diferencias que vuelven a ser distancias y las fronteras que recrean el interés y el saber del mundo, vamos a tener que volver al viejo debate de la escuela de Mileto y de los presocráticos, a preguntarnos por lo mismo y lo otro, lo Uno y lo múltiple, mientras el fantasma de la unidad del mundo se aleja dejando una estela de tristeza y alegría mezcladas.

Algunos participantes en la discusión:

Vincent Giret es director de la redacción de France 24.
Francis Rousseau es presidente de Eurogroup y de Eurogroup Consulting Alliance.
Éric Deschavanne es secretario general del Collège de Philosophie.

ÍNDICE

Introducción, por P.-H. Tavoillot 7

El reino de la hipercultura: cosmopolitismo
   y civilización occidental, *por Gilles Lipovetsky* ... 11

Cultura y globalización, *por Hervé Juvin* 103

Discusión 175

Impreso en
Reinbook Imprès, sl,
Múrcia, 36 - 08830 Sant Boi de Llobregat